문학교수,
영화 속으로 들어가다 6

영화로 세상과 역사와 인간을 말하다

문학교수,
영화 속으로 들어가다 6

김규종 지음

글누림

머리말

  인생은 연극이고, 세상은 극장이라는 비유가 있다. 새옹지마(塞翁之馬), 일장춘몽(一場春夢) 같은 인생이기에 앞날을 예측할 수 없고, 그런 삶들이 모여 섞어찌개를 끓여내는 세상 아닌가. 시작과 중간 그리고 끝이 있는 자기 완결적이며 비희극적인 구조를 가진 세상살이. 알지도 못하는 근원에서 시작하여 온갖 우여곡절을 거듭하다가 마침내 한갓 재로 돌아가는 인생의 본질은 허망하기 이를 데 없다. 그럼에도 우리는 일상의 견고한 끈을 놓아버리지 못한다.

  주어진 운명과 시공간에 불복(不服)하는 만큼 우리는 다른 출구를 찾아 헤맨다. 몽상가나 혁명가의 길을 걷든지, 낭만주의적인 방랑자가 되어 세상을 떠돌든지, 아니면 현실의 온순한 노예로 살아간다. 더 이상 혁명이 불가능해 뵈는 21세기 4차 산업혁명 시기에도 반역과 전복(顚覆)을 꿈꾸는 사람은 아직 멸종되지 않았다. 마치 지난 세기 68혁명이 "상상력에게 자유를! 금지하는 것을 금지한다!"는 슬로건을 내세운 것처럼 세상의 변혁을 열망하는 자들이 있다.

어쩌면 그들 가운데 하나 혹은 둘이 시작했는지도 모른다. 2016년 10월 29일 최박 스캔들로 촉발된 첫 번째 촛불시위는 그렇게 시작되었는지 모른다. 어느 누군가의 흉중(胸中)에 새겨진 권부(權府)의 불의와 부패와 타락에 대한 끝 모를 분노와 저항의지가 하나둘 모였는지 모른다. 그리하여 마침내 연인원 1,600만이 넘는 촛불들이 거리와 광장을 가득 메우고 희망을 노래한 것이다. 그 결과 2017년 3월 10일 현직 대통령 탄핵이 성사된다. 훗날 사가(史家)들은 이것을 21세기에 일어난 의미심장한 역사적 사건으로 기록할지도 모른다.

5개월 가까이 진행된 촛불시위는 연극적이고 음악적이며 서사시적이고 유희적이었다. 거리축제의 형식을 가지기도 하였고, 엄숙한 토론과 웅변의 마당이기도 했으며, 흥이 넘치는 경연장이기도 했다. 그래서일까?! 그 시공간 속의 영화관들은 악전고투에 시달려야 했다. 영화보다 더 영화 같은 사건이 실시간으로 발생하고 생중계되는 현장을 능가하는 영화는 없었으니 말이다. '다이내믹 코리아'에서 영화관의 관객감소는 정해놓은 이치였다.

2015년과 2016년에 내가 본 영화들이 그토록 진지하고 무거웠던 까닭은 그래서였을까?! 〈동사서독〉이나 〈조제, 호랑이 그리고 물고기들〉, 〈플루토에서 아침을〉 같은 달달하고 쌉싸래한 영화도 있었지만, 대개는 나름 묵직한 사회적 메시지를 전달하는 영화였다. 2차 세계대전 이후 동경(東京)과 로마의 풍경을 담은 〈동경이야기〉와 〈자전거도둑〉은 소품이되 가볍지 않다. 1950~60년대 분단

한국의 서사(敍事)를 담은 〈오발탄〉의 억눌린 목소리는 우울하다.

1968년 유럽 청년들의 함성이 세계로 울려 퍼지기 직전의 사회상을 유쾌하게 담아낸 〈로큰롤보트〉의 주제의식은 가볍지만 걸출하다. 나치에 복무한 평범한 인간 아이히만을 추적한 영화 〈한나 아렌트〉는 인간에게 내재한 '악(惡)의 범용성'을 가감 없이 제시한다. 1970년대 베트남 전쟁에서 패배한 미국인들의 심리적 불안과 패배의식을 포착하는 〈택시 드라이버〉는 신예 로베르토 드니로와 나이 어린 조디 포스터를 관객들과 대면시킨다.

루터의 종교개혁이 한창 진행 중인 16세기 중반을 시대 배경으로 하는 〈미하엘 콜하스의 선택〉은 하인리히 폰 클라이스트의 소설을 원작으로 한다. 영화는 유능한 마상(馬商) 콜하스가 왜 민중봉기의 주인공이 되어야 했는지, 그가 맞이하는 최후는 어떤 것이었는지를 짜임새 있는 구성과 배우들의 뛰어난 연기로 보여주는 수작이다. 19세기 러시아 인텔리들의 무의미한 일상과 거기서 무너져 내리는 관계와 존재의의를 잡아낸 〈바냐 외삼촌〉.

영화 〈1984〉는 우리에게 '빅브라더'로 잘 알려진 조지 오웰의 반유토피아 소설 〈1984〉를 원작으로 한 영화다. 인공지능과 3차원 인쇄기, 드론과 자율주행차, 빅 데이터와 로봇 같은 키워드가 하루가 멀다 않고 들려오는 시간대에서 미래세계의 어둠을 생각하게 하는 작품이다. 명민한 독자라면 러시아의 소설가 예브게니 자먀틴의 〈우리들〉과 영국의 올더스 헉슬리가 남긴 〈멋진 신세계〉를 함께 독서하는 편을 선택하리라 믿는다.

2015년 한국영화의 중심은 〈암살〉이었다. 우리에게 씻을 수 없는 상처와 치욕을 남긴 일제강점기를 배경으로 하는 영화 〈암살〉. 현실과는 상당한 거리를 두고 있지만, 그래서 우리의 희망사항 정도로 치부할 수 있지만 〈암살〉은 묵직한 주제를 재능 있게 풀어나간다. 그와 반면에 〈부산행〉은 2016년 한국사회의 단면을 날카롭게 통찰하고 문제를 지적한 수작이다. 〈돼지의 왕〉과 〈사이비〉 같은 애니메이션으로 학교폭력과 사이비종교 같은 사회문제를 포착한 연상호의 실사영화로 주목받은 〈부산행〉은 2014년 4월 16일 '세월호 참사'를 연상시키기도 한다.

인간의 복잡다단한 내면풍경을 슬기롭게 잡아낸 영화가 있으니 〈버드맨〉과 〈현기증〉이다. 한때 시끌벅적하게 세상을 풍미(風靡)했던 배우가 망각의 늪지대에서 허우적대는 양상을 건조할 정도로 냉정하게 잡아낸 영화 〈버드맨〉. 누구나 있을법한 고소공포증을 소재로 한 알프레드 히치콕의 대표적인 스릴러 〈현기증〉. 그리스의 거장 테오도로스 앙겔로풀로스의 대표작 〈안개 속의 풍경〉은 영원한 이상향을 찾아 떠나는 남매의 이야기를 담고 있다. 〈안개 속의 풍경〉은 벨기에의 시인이자 극작가인 메테를링크의 〈파랑새〉를 떠올리게 한다.

2016년 7월 4일 76세로 타계(他界)한 이란의 영화감독 압바스 키아로스타미의 영화 〈체리향기〉는 삶과 죽음의 경계에 서서 양자의 비의를 알아보려는 자의 의지적인 노력을 보여준다. "죽음은 삶의 가장 큰 원인"이라는 말이 있는 것처럼 삶은 언제나 죽음을 향해 직선 운동한다. 그 운동의 궤적(軌跡)을 온전히 자신의 영역 속으로 인입하려는 인텔리의 의식적인 노력이 어떤 결말을 맺을 것인지 추적하는 영화가 〈체리향기〉다.

〈문학교수, 영화 속으로 들어가다 6〉에 실린 작품들을 간결하게 살피면 아마 이런 내용이 아닐까 한다. 시대가 조우하는 공간과 인과성을 자연스레 포섭하는 문학과 예술이기에 우리는 일정한 시공간의 그림자를 그것들 내부에서 만나게 된다. 따라서 거기에는 시대의 우울과 쾌활함, 절망과 희망, 비탄과 환희, 막혀버린 출구와 필사적인 출구모색이 필연적으로 담겨있다. 우리가 문학과 예술에서 구하고자 하는 내용은 필시 그런 것인지도 모를 일이다.

어찌됐든 영화와 관련된 여섯 번째 서책이 출간되는 마당이라 설렘과 아쉬움이 교차한다. 언제가 될지는 모르되 끝까지 밀고 나가려는 희망의 설렘과 매우 깊이 있고 다각적(多角的)인 글쓰기에 미치지 못하는 무능을 한탄하는 아쉬움이 엇갈리는 것이다. 독자제현의 아낌없는 질책과 비판을 기다린다. 이와 아울러 차기 대통령과 정부는 부패, 무능, 타락, 패거리주의와 작별하여 민초들의 절실한 바람을 실현해 주었으면 하는 바람을 사족(蛇足)으로 남긴다.

2017년 4월에
대구에서 지은이 김규종 드림

 ## 2016년에 내가 본 영화

2015년에 내가 본 영화

동경이야기

감독 오즈 야스지로
주연 류 치슈, 히가시야마 치에코
장르 드라마
연도 1953

영화가 이래도 되는 거야?!

글을 시작하면서

세계 358명의 내로라하는 감독들이 선정한 최고의 영화는 뜻밖에 오즈 야스지로(1903~1963) 감독의 〈동경 이야기〉(1953)다. 한국에서는 〈괴물〉의 봉준호, 〈피에타〉의 김기덕, 〈똥파리〉의 양익준 감독이 선정에 참여했다. '뜻밖에'라고 한 것은 〈동경 이야기〉가 엄청난 대작도, 기상천외한 영화도, 인구(人口)에 넘치도록 회자된 영화도 아니었기 때문이다.

오즈 야스지로 감독은 〈라쇼몽〉과 〈7인의 사무라이〉(1954)의 구로사와 아키라(1910~1998), 〈게이샤〉(1953)와 〈산쇼다유〉(1954)의 미조구치 겐지(1898~1956)와 함께 1940~50년대 일본영화를 대표하는 3대 거장 가운데 한 사람이다. 마틴 스콜세지, 빔 벤디스, 압바스 키아로스타미, 후효현(허우 샤오시엔) 감독 등이 그에게 헌사를 바쳤다.

소시민을 소재로 삼은 영화의 달인 오즈 야스지로는 사회를 이루는 최소단위인 가족 이야기로 근대화를 겪는 일본을 드러낸다. 오즈의 영화는 전후일본의 결혼, 가족, 우정 등의 가치관 변화를 날카롭게 잡아낸다. 동시에 그의 영화는 인간의 고독과 희로애락, 생로병사의 순환을 소박하고 잔잔하게 드러내는 미덕을 보여주는 것으로 호가 나있다.

〈동경 이야기〉의 시대배경

조그마한 항구도시 오노미치에서 살던 히라야마 내외가 아들 딸을 보러 동경에 오는 것으로 영화는 시작한다. 〈동경 이야기〉 제작연도를 영화의 시대배경으로 보아도 무방할 만큼 오즈의 영화는 시대상에 충실하다. 그러므로 영화의 시간은 한국전쟁이 종전(終戰)으로 치달려가던 무렵의 무더운 여름날을 떠올리면 충분할 것이다.

감독은 영화와 무관하게 보이는 장면을 아무 설명 없이 제시하곤 한다. 하지만 그것은 매번 영화의 사건과 인물들과 긴밀하게 직조(織造)되어 있다. 시멘트 콘크리트로 만들어진 우람하고 쭉 뻗은 굴뚝에서 뿜어져 나오는 연기를 보자. 연기는 제2차 세계대전 패전국 일본이 패망을 딛고 일어나 제2의 부흥기를 맞이하고 있음을 보여준다.

　시커먼 굴뚝 연기를 보면서 6.25 한국동란으로 활황을 맞은 일본의 공장풍경을 독서함은 자명한 일이다. 덧붙일 점은 며느리 노리코의 남편 쇼지가 8년 전인 1945년에 죽었다는 사실이다. 주지하듯이 1945년 8월 6일 히로시마, 8월 9일에는 나가사키에 원자폭탄이 투하되었다. 그 시점 어디쯤에서 쇼지는 불귀(不歸)의 객이 된 것이다.

　〈동경 이야기〉의 공간은 히로시미 근교의 항구 오노미치에서 동경과 아타미 온천에 이르며, 시간은 1945년에서 1953년에 걸쳐 있는 셈이다. 가공할 원자탄 세례를 받은 언후에야 항복을 선언한 히로히토와 군부 이야기는 전혀 나오지 않는다. 하지만 전쟁으로 아들들을 잃은 아버지 세대의 슬픔과 절망이 원경(遠景)으로 제시된다.

단절된 세대에 대하여

〈동경 이야기〉에서 주목을 끄는 것은 급속하게 재편되는 사회 문화적인 변화를 수용하는 세대의 모습이다. 전쟁의 와중에서, 그것도 히로시마 부근에서 살아남아 자식들을 성장시킨 히라야마 내외는 세상의 변화속도에 어려움을 겪는다. 맏딸인 시게의 집에서 쫓겨나다시피 한 그들이 잠시 안식하는 곳은 동경 시내에 있는 우에노 공원이다.

동경에 와서 자식들 집이 아니라 공원에서 시간을 죽이는 내외의 정경이라니! 히라야마의 속내는 옛 친구들과 함께 한 술자리에서 비로소 얼굴을 내민다. 친구 하나는 둘 있던 아들을 모두 잃었고, 다른 친구 아들은 아버지를 거듭 실망시키며 동경에 근근이 자리 잡고 기백도 꿈도 없이 살아간다. 히라야마는 친구에게 동조한다.

맏아들 교이치의 성공을 확신했지만, 그가 확인한 것은 분망하고 제 식구 밖에 모르는 아들의 허접한 일상이었다. 하지만 히라야마 내외는 그 이야기를 끝내 발설하지 않는다. "우리는 운이 좋았어!" 하고 서로를 위로하는 노인세대의 얼굴은 평온하다.

아내와 두 아들을 건사하는 교이치는 일요일에도 왕진을 가야 하는 형편이다. 동경 외곽에서 살아가는 의사의 일상이 좁은 다다미방에서 느릿하게 전개된다. 미장원을 경영하는 시게의 삶 역시 분주하기는 매일반이다. 남편과 맞벌이를 하기는 하지만, 수입이 많은 것 같지는 않다. 그들의 삶은 지금과 여기에 온전하게 동여매어져 있다.

교이치의 두 손자가 보여주는 행태는 전후일본의 어린 세대다. 조부모와 대면해서도 친근감이나 애정을 표현하지 않는 말썽꾸러기이자 이기적인 아이들. 할머니와 손자가 함께 하는 장면은 시사적이다. 이것저것 묻는 할머니의 물음에 일언반구 대꾸도 없이 풀만 잡아채는 손자! 단절의 깊이를 단출하되 절제 있게 드러내는 명장면!

급속히 변하는 가족관계

〈동경 이야기〉에서 흥미로운 대목은 차남의 미망인 노리코와 노부부의 관계다. 남편을 잃은 지 8년 넘은 세월이 흘렀지만 노리코는 시부모에게 여전히 며느리로 수용된다. 중소 무역업체에 근무하면서 노리코는 생계를 꾸려간다. 오즈 야스지로 감독은 그녀의 남루(襤褸)한 공동주택의 일상을 교이치와 시게 남매의 집과 비교한다.

　변화에 순응하면서 돈벌이에 급급한 친자식들의 모습은 강퍅하다. 그에 반해 혈연도 아니고 이제는 남남이라 할 노리코의 삶은 노부부의 인생사와 유사하다. 아들딸의 외면 속에서 노부부의 동경 버스유람을 해주는 사람은 정작 노리코다.

　히라야마가 노리코 집에서 사케를 먹는 장면은 인상적이다. 옆집에서 술과 술병까지 빌려온 노리코가 정성들여 한잔한잔 따라주는 술을 음미하면서 홀짜거리는 히라야마. 그이 흉중(胸中)은 그런 것이었다. 아들딸이 진정 따사로운 마음으로 술 한잔 대접하기를 고대했던 히라야마 내외. 그것이 노리코의 집에서 비로소 실현된 것이다.

　노리코에게 친부모를 떠넘기다시피 하는 아들딸은 아타미 온천을 떠올린다. 동경에서 그리 멀지 않은 유명한 온천 관광지. 2,000엔을 준비하는 그들이지만 히라야마 내외는 예정보다 훨씬 서둘러 돌아온다. 카드와 마작과 유흥으로 흥청대는 아타미 온천에서 노부부는 안식할 수 없다. 그들을 대놓고 나무라며 원망하는 시계!

　관객은 전후 일본에서 파괴되기 시작한 가족관계의 양상과 마주한다. 그것의 정점은 노부인의 죽음이다. 아타미 온천에서 기미를 보였던 그녀의 발병은 누구도 예기치 못한 죽음으로 이어진다. 막내아들 케이죠는 전보를 받고도 어머니 임종에 시간을 대지 못한다. 더욱이 장례식장에 맏며느리와 손자들은 아무 기척도 없다.

배반의 미학

〈동경 이야기〉는 영화미학을 정면으로 거스른다. 영화에서 우리가 기대하는 것은 신속한 장면전환, 기막힌 속도감, 장쾌한 스펙터클, 상상을 초월하는 낯섦과 기묘함이다. 영화가 연극을 따돌리는데 결정적으로 기여했던 미덕이다. 일상적으로 경험하지 못한 특별한 세계로 우리를 초대하는 영화만의 고유한 문법!

일반적인 영화의 기본적인 장치와 문법을 무시하는 〈동경 이야기〉. 오즈의 영화에서 우리가 대면하는 것은 일상의 진부한 사건과 장면들이다. 인물들의 사유와 언어도 당대 일본인들의 평균치를 초과하지 않는다. 1950년대를 살아갔던 일본인들이 무엇을 생각하며 어떻게 그 시대를 경험했는지를 그저 담담하게 보여줄 따름이다.

어느 무더운 여름날 시작하여 그 여름이 지나가기 전에 막을 내리는 영화. 대도시 동경의 풍경이나 아타미 온천의 화려한 모습 혹은 항구도시 오노미치의 화사한 양광(陽光)도 영화는 무심한 듯 지나친다. 항구를 오가는 크고 작은 배의 모습이나, 기차 정거장의 풍경, 혹은 남루한 공동주택의 외관만 스치듯 모습을 드러낸다.

하지만 감독은 소품 하나하나도 세심하게 배려한다. 노부부가 습관처럼 들고 다니는 부채, 노부인이 자꾸만 잊어버리는 양산, 병원과 가정집에서 활용되는 집안청소 도구들, 처음부터 끝까지 물레방아처럼 타들어가는 모기향 같은 자질구레한 소품으로 영화는 차고 넘친다. 소품으로 영화는 지극한 단순함과 사실성을 얻는다.

글을 마치면서

아들이 못마땅한 친구가 술김에 내뱉는 말은 〈동경 이야기〉의 주조를 이룬다.

> "아들이 먼저 죽는 것도 괴롭지만, 아들과 함께 사는 것도 괴로
> 운 일이야. 진퇴양난이야!"

전에는 당연히 받아들여졌던 부모세대 부양이 전후일본에서 급속한 변화를 겪는다. 그것이 어떤 양태를 가지는지 가감 없이 보여주는 영화가 〈동경 이야기〉다. 그래서다. 노리코가 새삼스레 반짝이고, 그녀에게 의지하는 노부부의 눈길과 마음 씀씀이가 자연스레 다가오는 까닭은! 그들은 하나같이 노리코의 재혼을 권유

한다.

노리코가 시어머니 장례를 치르고 가장 늦게 시댁을 떠나는 장면도 인상적이다. 노리코는 언제 가능할지 모르지만 막내 시누이 교코에게 동경에 있는 자신의 집을 반드시 찾아달라고 말한다. 이런 언사의 함의는 무엇인가?! 죽음의 마지막 시간대까지 히라야마 집안의 며느리로 남겠다는 다짐 아니고 무엇이란 말인가?!

새로운 시공간에도 오래된 풍경처럼 소리도 없이 살아가는 사람들이 있다. 〈동경 이야기〉는 그런 인물로 노리코를 선택한다. 친아들도 아니고, 친딸도 아닌 노리코에게서 지난날의 향수와 추억을 되살리는 히라야마의 흉중은 고맙고 복잡하다.

"오늘도 어제처럼 몹시 더울까봐 걱정했다!"

이런 대사의 배후에 깔린 히라야마의 마음 씀씀이는 어떠한가?! 아내는 죽었으되, 남은 사람들은 어제나 그제처럼 일상을 영위하지 않으면 안 된다는 말 아닌가?! 8년 전 쇼지가 죽었을 때도 어제처럼 몹시 무더웠을 것이다! 히로시마의 8월 아니었던가! 그래도 쇼지의 부모는 살아남았고, 노리코 역시 그러하지 않았던가?!

〈동경 이야기〉는 삶과 죽음마저 담담하게 받아들이는 고요와 적막이 느릿하게 숨 쉰다. 〈주역〉을 가능케 하는 상반상성(相反相

成)과 물극필반(物極必反)의 이치를 느림과 절제와 여백으로 승화
시킨 수작이 오즈 야스지로의 〈동경 이야기〉다.

버드맨

감독	알레한드로 곤잘레스 이냐리투
주연	마이클 키튼, 에드워드 노튼, 엠마 스톤
장르	코미디, 드라마
연도	2014

어렵고 버거운 영화가 아카데미 작품상?!

글을 시작하면서

알레한드로 이냐리투 감독의 〈버드맨〉이 2015년 제87회 '아카데미 영화제' 작품상, 감독상, 각본상, 촬영상 4개 부문을 수상했다. 상당한 기록인데 한국의 누적관객은 개봉 2주차에 20만이 되지 않는다. 하기야 영화제에서 상 받았다고 해서 대중이 환호작약 하지는 않는다. 〈7번방의 선물〉 같은 엉성한 영화에도 천만관객이 드는 형편이니!.

〈버드맨〉은 대중에게 조금 어렵고 버거운 영화다. 영화에는 분열된 자의식과 허다한 내적 독백, 연극과 영화의 관계, 일상과 환상의 부조화, 부재하는 자아의 실손적 확인, 주락하는 자의 공포 같은 것들이 어지럽게 뒤섞여있다. 자상하지 않은 감독과 흔들리는 화면, 끊길 듯 이어지는 '롱테이크' 기법이 영화 이해의 어려움을 가중시킨다.

그럼에도 영화가 끝난 뒤 오래도록 자리를 지키는 관객이 도처에 있다. 무엇인가 생각하고 곱씹을 거리가 〈버드맨〉에 장착돼 있다는 방증이다. 누구나 느끼는 것처럼 영화의 주제는 명쾌하다. "나는 누구인가?!" 〈버드맨〉에서 방점은 상실된 자아를 찾아가는 멀고도 고달픈 여정이다. 문제는 목표한 최후지점까지 도달하느냐 여부다.

잃어버린 과거를 찾아서

한물간 배우 리간 톰슨. 그는 90년대 블록버스터 〈버드맨〉의 주인공으로 단칼에 수천억을 벌어들인 스타였다. 60줄에 접어든 톰슨을 알아주는 이는 중년세대 정도다. 퇴물소리를 듣는 그는 영화판이 아니라, 브로드웨이에서 재기를 도모한다. 레이먼드 카버의 연극 〈사랑에 대해 말할 때 우리가 이야기하는 것들〉이 그것이다.

원작을 각색한 톰슨은 극도의 긴장감에 시달리고 있다. 주변에는 온통 걸림돌뿐이다. 시원찮은 주역배우, 자금 때문에 톰슨을 압박하는 제작자, 오만방자하게 구는 새로운 주연배우 마이크, 존재자체로 부담을 주는 마약장이 딸 샘 등등. 무엇보다도 성공강박증과 왕년의 화려한 추억이 그를 잔인하게 옥죈다.

망각된 퇴물(退物)이 아니라, 대중의 열광을 온몸으로 받고 싶

은 톰슨. 과연 그의 열망은 실현될 수 있을까. 하지만 문제는 다른 곳에 있다. 내부에서 음험하게 그를 혼란스럽게 하는 또 다른 자아의 분열책동이 언제나 그를 동반한다. 그가 마주하는 현실을 허접한 쓰레기로 규정하면서 모든 것을 당장 때려치우라는 그의 분신 '버드맨'.

분열된 슈퍼히어로

실베스타 스탈론에게 영광을 가져다준 〈록키〉(1976) 이후 영화 연작은 잃어버린 영광을 되찾으려는 욕망을 담는다. 기적처럼 온갖 시련을 극복하는 록키의 형상은 심심한 상실로 고통 받은 무기력한 세인(世人)의 영혼을 달래기에 충분하다. 하지만 〈버드맨〉의 주인공이 경험하는 시공간은 20년을 넘나든다. 톰슨의 분열은 복합적이다.

실제적인 자아와 영화의 배역인 슈퍼히어로 사이의 간극을 충분히 메워나가지 못하는 톰슨. 현실과 환상 사이의 거리에서 발생하는 차이를 받아들이지 못하는 무기력한 톰슨. 자살 같은 극단적인 방법으로 자아에서 벗어나려는 인간 톰슨. 따라서 톰슨이 경험하는, 있는 듯 없는 자아의 존재감은 인생 전체를 관통해왔던 커다란 대못이다.

지나버린 세월을 인정하지 않으려는 고집스러운 자아와 현실

을 수용하려는 자아가 톰슨의 내면에서 충돌한다. 단번에 모든 것을 만회하고 싶은 충동과 강고한 현재의 억압을 수용하려는 이성의 대결은 〈버드맨〉에서 시종일관 지속된다. 그것은 영화를 인도하는 추진력이기도 하다. 톰슨의 분열은 카버 연극의 초연에서 극대화된다.

시연(프리뷰)을 가까스로 넘긴 그였지만, 초연이 야기하는 극도의 긴장과 자아를 추구하는 내면의 분열은 극한으로 치닫는다. 따라서 연극의 마지막 장면은 충격적이다. 누구도 생각하지 못한 방식으로 자신의 분열을 극복하는 것처럼 보이는 톰슨. 하지만 명민한 알레한드로 이냐리투 감독은 마지막 반전을 준비하고 있었다.

연극과 영화

셰익스피어는 〈뜻대로 하세요〉에서 "세상은 무대고, 여자와 남자는 배우일 뿐이다!"고 기록한다. 그것을 바꾸면 "세상은 극장이고, 인생은 연극이다!"가 된다. 영화 〈버드맨〉은 연극공연을 준비하는 극장 안팎에서 벌어지는 사건에 기초한다. 하지만 연극은 영화의 얼개이자 액자로 마지막 장면만을 되풀이해서 보여줄 따름이다.

관객의 관심은 연극의 성공이 아니라, 연극이 진행되는 동안 톰슨이 만나는 내면세계의 진척과 결말이다. 그럼에도 우리는 〈사랑에 대해 말할 때 우리가 이야기하는 것들〉에 관심을 가진다. 배우와 연출가, 연출가와 제작자, 연출가와 비평가, 배우와 비평가, 비평가와 관객의 관계가 공연을 통해 적나라하게 드러나기 때문이다.

〈버드맨〉에서 특히 주목할 점은 연출가와 비평가의 관계다. 브로드웨이 연극판에서 모든 것을 좌지우지하는 막강한 영향력을 가진 비평가 타비타와 퇴물 배우이자 연출가 톰슨의 대결은 흥미진진하다. 인생전체를 하나의 연극에 쏟아 붓는 톰슨의 목줄을 죄는 냉혹하고 건조한 타비타! 그녀가 작성한 공연평은 어떤 것인가?!

존재의 형식

톰슨의 가족사가 연극과 나란히 진행된다. 톰슨은 결혼기념일에도 다른 여자와 동침할 만큼 폭력적인 사내다. 자살을 시도하지만 해파리한테 물려서 바다에서 도망치는 인간 톰슨. 그를 그림자처럼 따라다니는 딸 샘. 하지만 톰슨에게 샘은 있는 듯 없는 듯하다. 그는 언제나 부재중인 아빠이기 때문이다. 전처(前妻)가 톰슨에게 말한다.

"샘에게 좋은 아빠가 될 필요는 없었어. 그냥 아빠가 되기를 바랐을 뿐이야!"

샘과 톰슨의 갈등과 대결은 영화의 백미(白眉) 가운데 하나다. 톰슨이 애면글면 매달리는 공연을 샘은 대수롭지 않게 생각한다.

샘이 보기에 톰슨의 공연은 왕년의 스타 '버드맨'의 명성과 영광을 되찾기 위한 장치에 불과하다. 샘의 판단은 절반만 적용 가능하다. 톰슨은 진정한 자아와 존재의 의미를 찾고자 진력하기 때문이다.

〈버드맨〉에서 감독의 재능은 톰슨이 벌거벗고 거리를 활보하는 장면에서 확연히 드러난다. 사건발생 한 시간도 지나지 않아서 130만 건 이상의 조회수를 기록하는 톰슨의 동영상. 그것이 21세기 인간들의 존재확인 형식이자 자기발현 매체다. 문제는 20세기의 슈퍼히어로 톰슨이 그것을 모르거나 아예 무관심하다는 사실이다.

그래서다. 톰슨이 슈퍼히어로로 다시 태어날 가능성이 전혀 없는 까닭은! 21세기를 구원하고 인도할 새로운 영웅이 필요한 시점에 우리는 살아가고 있다. 스마트폰에 장착된 페이스북과 트위터 같은 사회관계망 서비스에 열광하는 현대인에게 1990년대 슈퍼히어로는 유행이 지난 제품이거나 낡고 퇴색한 앨범에 지나지 않는다.

왜 아카데미는 〈버드맨〉에게 작품상을 주었을까

수술한 코를 확인하려고 톰슨이 화장실로 간다. 변기에는 화려한 의상과 초록색 날개의 '버드맨'이 앉아 있다. 거울을 들여다보며 붕대를 푸는 톰슨. 마침내 그의 얼굴이 드러나고 새로운 코도 모습을 드러낸다. 얼굴전체에 번져있는 핏기는 감출 수 없지만 코는 생각보다 멋지고 잘 어울린다. 그가 창문으로 걸음을 옮긴다.

샘이 창문 너머로 하늘을 올려다보며 알듯 모를 듯 미소 짓는다.

〈버드맨〉은 연극의 형식을 가진 영화이자, 영화의 장치를 극한으로 살린 연극이기도 하다. 극장을 둘러싼 갈등은 무대 위에서도 실제생활과 인간관계에서도 고스란히 살아난다. 영화는 톰슨의 내면을 추적하는 심리스릴러 형식을 취하지만, 그가 맺은 관계의 중층구조는 현대인의 복잡다단한 내면풍경을 드러내기에 손색없다.

톰슨의 동선을 따라 흔들리는 영사기는 연극의 사실성에 충실하지만, 그의 초인적인 능력을 보여줌으로써 영화의 환상을 강화한다. 연극으로 재기를 노리지만, 톰슨은 궁극적으로 자신의 인생전체를 성찰하려는 진지한 노력을 감행한다.

페이스북과 트위터가 대변하는 21세기 사회관계망의 헛헛함과 대중이 열광하는 슈퍼히어로의 본질이 야기하는 우울함과 쓸쓸함의 대비는 유쾌하리만큼 현저하다. 사정이 이럴진대 어떻게 아카데미에서 외면할 수 있겠는가! 엘리자베스 시대의 연극생활을 다각도로 천착한 영화 〈셰익스피어 인 러브〉가 1999년 아카데미에서 7개 부문을 수상하지 않았던가?!

"세상은 영웅을 기다리는 영화판이고, 인생은 고단한 단역(端役)일 뿐이다!" (김규종)

택시 드라이버

감독 마틴 스콜세지
주연 로베르토 드니로, 조디 포스터
장르 드라마, 스릴러
연도 1976

1970년대 혼란과 위기의 아메리카

짧은 머리말

1977년 제49회 아카데미는 술렁였다. 〈록키〉가 작품상, 감독상, 편집상을 독식했기 때문이다. 작품상 후보는 〈록키〉를 포함해 〈모두가 대통령의 사람들〉, 〈바운드 포 글로리〉, 〈네트워크〉, 〈택시 드라이버〉. 마틴 스콜세지의 〈택시 드라이버〉는 1976년 제29회 칸 영화제 황금종려상 수상작이었다. 하지만 아카데미는 그를 외면했다.

1942년생 스콜세지는 이탈리아계로 대도시 뒷골목 인생을 폭력적으로 그려내는데 뛰어난 수완을 보인 인물이었다. 그는 1972년 〈공황시대〉와 이듬해 〈비열한 거리〉에서 일찌감치 사회문제를 다루면서도 다채로운 장르에 손을 댄다. 〈택시 드라이버〉는 1970년대 중반 세계제국 아메리카의 병적인 혼란과 위기의 징후를 독특하게 포착한 영화다.

트래비스와 베트남 전쟁

1964년 〈통킹만 사건〉을 조작한 미국은 이듬해부터 본격적으로 베트남 전쟁에 개입한다. 한때 50만 이상의 병력을 파병하기도 했지만, 1973년 1월 〈파리평화협정〉을 계기로 같은 해 3월 말 미군은 패배를 자인하고 철수한다. 9년 넘도록 공세를 취한 베트남에서 빈손으로 귀국해야 했던 미국의 위상은 처참하게 일그러졌다.

〈택시 드라이버〉에서 관객은 베트남 전쟁과 직접적으로 만나지 않는다. 영화는 짤막하게 베트남 전쟁을 언급할 뿐이다. 그것도 스치듯 지나간다. 주인공 트래비스가 베트남 참전용사였다는 사실, 대통령 예비후보 팔란틴이 대중연설에서 '베트남 전쟁으로 인해 미국인들이 겪어야 했던 고통'을 이야기하는 것이 전부다.

하지만 트래비스의 불면증, 고독, 무기력, 알코올남용 같은 병적인 징후는 베트남 전쟁의 상흔 이외의 것으로는 설명하기 어렵다. 트래비스의 동선은 혼자만의 방과 택시가 거의 전부다. 예외가 있다면 저질 포르노 상영관과 기사식당 정도다. 따라서 관객은 트래비스의 방과 택시, 그리고 거리에서 주인공의 내밀한 세계와 만난다.

트래비스의 내면에 자리 잡고 있는 하나의 희망이 있다. 그것은 원대하지만 섬뜩하다. 그래서 객석은 그의 이상심리와 정신이상을 유추한다.

"언젠가 진짜 비가 내려서 거리의 모든 쓰레기를 씻어갈 것이다."

그가 말하는 쓰레기는 뉴욕 밤거리를 배회하는 창녀, 건달, 사기꾼, 거지, 깡패 같은 최하층 부랑자들이다. 그들로 인해 뉴욕이 오염되고 있다고 믿는 트래비스.

트래비스의 정치적 신념

트래비스는 팔란틴 후보 진영에서 일하는 순정한 여인 벳시를 보게 된다. 쓰레기가 넘쳐나는 뉴욕에서 자신이 지켜줘야 하는 유일한 사람으로 트래비스는 벳시를 지정한다. 그녀가 가진 순수함과 아름다움에 매료되어 자신의 사명을 다하려는 트래비스. 혼란스럽고 이중적이지만 매력적인 남자 트래비스에 끌리는 벳시.

벳시는 트래비스와 같은 세계의 인간이 아니다. 그녀는 고상하고 우아하며 세련된 세계의 거주자다. 벳시가 트래비스의 포르노 취향을 해하지 못하는 것은 당연한 일이다. 트래비스의 유일한 취미생활을 받아들일 수 없는 벳시. 그녀의 우상은 새롭고도 위대한 미국을 열어가려는 대통령 후보 팔란틴이다.

"우리가 국민이다!"라는 슬로건을 내걸고 대선승리를 향해 질주하는 팔란틴을 보좌하는 벳시. 그녀의 가슴 속에 트래비스 같은 실패자나 낙오자는 비비고 들어설 자리가 없다. 트래비스가 그녀를 냉정하고 이기적인 인간으로 규정하는 것은 일면 타당한 구석이 있다. 우연히 트래비스의 택시에 타게 된 팔란틴은 기사의 말에 충격을 받는다.

"정치가라면 뉴욕에 넘쳐나는 저런 쓰레기들을 모조리 쓸어버려야 합니다!"

트래비스는 팔란틴이 거리거리에 차고 넘치는 쓰레기를 일거에 날려버려야 한다고 생각한다. 대통령이라면 반드시 그런 과업을 완수해야 한다고 믿는 것이다. 그의 사고와 판단에는 논리도 정황도 이념도 문맥도 없다. 그냥 전진할 따름이다.

트래비스와 아이리스

벳시에게 일방적으로 작별통보를 받은 트래비스는 부쩍 외로워진다. 혼자만의 시간에 익숙하지만 그가 감내해야 하는 고독은 도를 넘는 듯 보인다. 그러다가 트래비스는 우연히 아이리스와 조우한다. 〈택시 드라이버〉에서 사건은 필연에 기초한 인과성이 아니라, 허다한 우연에 기초한 개연성에 의지한다. 그것이 감독의 선택이다.

12살 창녀 아이리스를 건져내려는 트래비스와 그것을 거부하는 아이리스. 아이리스 말에서 우리는 68혁명이 불러온 1970년대 미국의 모습 하나를 본다.

"가출해서 창녀 노릇하는 것이 여성해방이에요!"

유럽에서 발진한 68혁명의 파고(波高)는 대서양을 건넌다. 그 결과 미국에서는 베트남 전쟁을 반대하는 시위와 히피문화, 통기타와 청바지로 대표되는 청춘의 저항이 일상화된다. 아이리스는 68혁명이 야기한 사회 각 부문별 영향 가운데 '여성해방'에 매료된 12살 창녀인 셈이다. 트래비스는 아이리스를 고향으로 돌려보내고 싶어 한다.

우리는 트래비스가 따뜻한 심성의 소유자임을 알고 있다. 7월에 있을 〈아버지날〉과 어머니 생일을 축하하면서 트래비스가 보내는 편지를 기억하기 때문이다. 양친에게 자식의 도리를 다하려는 트래비스의 따사로운 성정이 드러나는 편지.

우리는 그가 정상적인 가정에서 성장한 인물이라는 걸 안다. 12살 소녀가 몸을 판다는 사실을 트래비스가 인정하지 않는 것은 당연하다. 하지만 그는 끝까지 자신의 주소지를 부모에게 알려주지 않는다. 트래비스는 언제나 모순적인 인간이다.

만들어진 영웅 트래비스: 허약한 아메리카

트래비스는 뉴욕의 쓰레기를 쓸어버릴 인물로 팔란틴을 주목하고 지지한다. 그러나 벳시와 사이가 틀어진 이후로 팔린틴에 대한 관심도 옅어지고, 그런 감정은 어느새 증오 심리로 자리 잡아간다. 어느새 무너져버린 육체를 만들어가며 '킬러'로서 훈련을 재개하는 트래비스. 동료 기사들은 그를 언제나 '킬러'라고 부른다.

〈택시 드라이버〉의 미덕은 인물들의 개인사와 가족사를 생략하고, 행동에 내재한 인과관계를 설명하지 않는 것이다. 따라서 영화는 객석의 상상력과 사유작용을 적극적으로 요구한다. 반면에 이런 설정으로 인해 관객은 감독의 부족한 배려를 마뜩치 않게 생각할 수도 있다. 트래비스의 팔란틴 암살시도 역시 이런 연장선에서 이해 가능하다.

트래비스는 지극히 분명하고도 확고한 자신감과 심리상태로 중무장하고 유세현장으로 나간다. 그런데 희한한 것은 그의 닭벼슬머리다! 경호원들은 물론이려니와 일반시민의 눈에도 확연히 드러나는 머리모양새를 하고 저격을 차비하는 모순적인 인간 트래비스. 암살기도의 불똥은 전혀 예기치 못한 장소와 대상을 찾아낸다.

자신의 의지와 무관하게 12살 창녀를 구해낸 영웅으로 대서특필되는 트래비스. 70년대 중반 아메리카가 봉착한 위기의 징후를

선연히 드러내는 장면이다. 〈택시 드라이버〉는 1972년부터 2년을 넘게 끌어온 '워터게이트' 사건 때문에 국내외로 망신살이 뻗친 미국의 추락을 아이러니하게 보여주는 영화다.

베트남 전쟁의 패배, 마약과 매춘과 히피, 부패한 최고 권력자 대통령의 나라 아메리카의 심각한 위기. 개인과 사회 모두 돌파구를 찾아야 하는 총체적 난국에서 서부영화의 정의롭고도 위대한 총잡이 존 웨인처럼 등장한 트래비스. 영웅 트래비스의 의미를 부각시키는 인물은 벳시다. 그들은 완전히 역전된 관계로 재회한다.

결론을 대신하여

전쟁의 상흔을 안고 홀로 살아가야 하는 트래비스는 베트남 전쟁 희생자다. 멀쩡해 보이지만 속속들이 병들어 있는 그는 한밤중에 흔들대는 뉴욕의 가로등처럼 휘청거린다. 허청허청한 그의 발걸음과 요동치는 네온사인 불빛은 불안정한 영상만큼이나 위태로워 보인다. 과거의 킬러이자 전사 트래비스의 구원은 정녕 불가능한가?!

트래비스는 처음부터 끝까지 외롭고 고독하다. 천석고황(泉石膏肓)처럼 뿌리박힌 그의 고독은 출구가 없다. 그가 포르노에 심취하거나, 동료기사의 성적 무용담에 귀를 기울이거나, 편의점 여직원에게 치근거리는 것에는 이유가 있다. 외로움에서 벗어나려는 것이다. 하지만 어디에도 구원의 손길은 없다. 패배의식과 불면과 고독의 70년대 아메리카!

1977년 아카데미가 〈록키〉를 선택한 것은 분명 근거가 있다. 로키는 진짜 영웅이지만, 트래비스는 가짜 영웅이기 때문이다. 모든 미국인이 환호와 갈채를 보낼 수 있는 영웅을 희구하던 시대에 트래비스는 너무나 우울하다. 하지만 로키는 모든 요건을 충족시킨 인물 아닌가. 온갖 고난과 역경을 불굴의 의지로 극복하고 정상에 오르는 로키! 작품상 수상작을 결정한 결정적인 동기는 그것이 아닐까?!

태어나기는 했지만

감독 오즈 야스지로
주연 사이토 타츠오, 아오키 토미오
장르 드라마, 코미디
연도 1932

재능 있는 청년, 재미있는 소품

짧은 머리말

21세기에 흑백영화를 보는 것은 드문 일이거나 고역(苦役)일지 모르겠다. 음악도 없는 흑백 무성영화(無聲映畵)라면 더욱 그럴 것이다. 아주 오래된 낡고 한물 간 구닥다리 영화를 들여다봐야 한다는 얘기니까 말이다. 〈태어나기는 했지만〉은 여기에 한술 더 뜬다. 우리에게 잘 알려지지 않은 일본감독 오즈 야스지로(1903~1963)의 영화이기 때문이다.

결론부터 말하면 영화는 만족이다. 만 29세 청춘 감독의 작품이라 하기에는 상당히 놀랍다는 생각이 먼저 들 정도다. 그가 연출한 영화가 21편이고, 〈태어나기는 했지만〉은 그의 첫 번째 장편영화다. 그의 〈동경 이야기〉가 세계 영화감독들이 뽑은 세계 10대 영화 가운데서 1위를 차지한 것이 명불허전(名不虛傳)은 아닌 셈이다.

영화의 시대배경

1932년 출시된 〈태어나기는 했지만〉은 2015년을 기준으로 보면 83년 묵은 고물이다. 당시 일본은 욱일승천(旭日昇天)하는 기세로 동북아를 점령하고 있었다. 1910년 일한합방으로 조선을 식민지로 병탄했고, 1919년 3.1운동을 폭력으로 유린했다.

일본은 1931년에 '유조구사건(柳條溝事件)'을 조작하여 만주사변을 일으켜 이듬해에 '만주국'이란 괴뢰국가를 세운다. 대륙진출을 위한 교두보를 마련한 것이다. 베르나르도 베르톨루치의 〈마지막 황제〉에서 이런 정황을 어느 정도 포착할 수 있다. 그것은 감독의 눈으로 본 '부의'의 판단이라는 외피(外皮)를 두르고 있기는 하지만 말이다.

우리는 〈태어나기는 했지만〉에서 정치적 상황과 만나지 못한다. 영화가 주목하는 것은 당대 일본의 소시민 가정과 거기서 성장하는 두 형제이기 때문이다. 감독의 주된 관심사가 거대한 외부 세계와 절연된 채 살아가는 미숙한 어린아이들의 세계를 그려내는 것이기 때문이다. 첫 번째 소품으로 그는 자신만의 고유한 세계를 열어젖힌 것이다.

동시대를 살아가는 국가의 삶과 시민의 삶이 언제나 일치하는 것은 아니다. 국가가 전쟁을 한다 해도 모든 시민이 전선으로 나아가는 것은 아닌 이치와 같다. 명민한 관객은 희극영화나 가벼운 소품을 보면서도 언제나 역사적 상황을 떠올리며 무엇인가 꼬집

으려 한다. 하지만 이것은 일종의 강박이다. 영화를 영화로만 보는 것도 나쁜 일은 아니다.

오즈 야스지로의 영화에서 국가와 개인의 대결이나 충돌은 희미한 배경으로만 모습을 드러낸다. 〈동경 이야기〉에서 원자폭탄으로 죽어버린 히라야마의 둘째아들에 대한 이야기는 거의 언급되지 않는다. 남편을 잃은 지 8년 지났지만 여전히 히라야마 내외를 깍듯하게 모시는 노리코와 노부부의 관계가 오래된 그림처럼 그려질 따름이다.

아버지와 아들

인류가 모계사회에서 부계사회로 넘어온 이후 부자관계는 사회적 관계의 초석이 되었다. 대물림이 원활하게 이루어지지 않은 고전 그리스 사회는 우라노스와 크로노스 그리고 제우스로 이어지는 부자관계를 노정(露呈)한다. 그들 부자관계는 피로써 피를 씻어내는 비정한 살육의 역사로 남았다. 프란치스코 고야의 〈자식을 삼키는 사투르누스〉(1823)는 이런 상황을 적나라하게 드러내는 명품이다.

러시아의 소설가 이반 투르게네프는 〈아버지와 아들〉에서 시대를 달리하는 두 세대의 남성들을 그리면서 그들 내부의 갈등과 충돌을 그려낸다. 1840년대 세대와 1860년대 세대의 화해할 수 없는 대립관계가 손에 잡힐 듯 그려진다. 〈첫사랑〉에서 투르게네프는 부자의 권력관계를 남녀의 사랑관계로 확장한다. 〈데미지〉(1992)를 연상하시면 좋겠다.

'함흥차사(咸興差使)'라는 사자성어로 알려진 이성계와 이방원 부자관계는 얼마나 우울한가. 아비가 살아있는 한 아들의 권력승계는 만만치 않은 과제이자 도전인 셈이다. 오늘날 심심찮게 벌어지는 육친간의 살인사건은 이런 역사적 상흔과 궤를 같이 한다. 거기 매개되는 것이 권력에서 돈이나 애증으로 전환되었을 뿐 본질은 동일하다.

〈태어나기는 했지만〉에서 감독은 부자관계를 세심하게 드러낸다. 직장에서 돌아온 아버지 요시이가 겉옷부터 하나씩 벗으면서 실내복으로 갈아입는다. 장남 료이치와 차남 케이지는 아버지의 일거수일투족에서 눈을 떼지 못한다. 그런데 아버지가 신은 양말이 복사뼈 부근에서 돌돌 말려 있는 것이 케이지의 눈에 들어온다.

다음날 형제의 양말은 아버지의 양말처럼 돌돌 말려 있다. 형제에게 아버지가 어떤 인물로 비치는지를 군더더기 없이 보여주는 장면이다. 흥미로운 점은 부자관계가 위기로 치닫는 순간에도 그들 형제가 언제나 양말을 돌돌 말아 신고 있다는 사실이다. 그것은 영화의 행복한 결말을 미리 통지하는 사전예고 같은 것으로 작용한다.

아버지의 세계

요시이는 왜 낯선 곳으로 이사했을까?! 아이들이 전학하면 새로운 환경에 적응하는데 애를 먹는 것이 당연한데도 말이다. 신출내기를 괴롭히는 것이야 동서고금 막론하고 있던 일 아니던가. 사랑하는 자식들이 겪어야 하는 어려움에도 아버지가 교외로 이사를 감행한 데에는 당연히 이유가 있다. 그것은 사장의 눈에 들기 위함이다.

승진을 목전에 둔 요시이로서는 사장의 눈도장을 확실히 받아야 하고, 그러기 위해서라면 이사쯤이야 당연히 감내할 만한 수준의 잔걱정 아닌가?! 소시민 가장으로 요시이가 선택할 수 있는 경우의 수는 많지 않다. 부모에게 물려받은 것도 별로 없고, 자신의 능력 하나에 기대야 하는 인간들이 그러하듯 요시이도 예외가 아니다.

하지만 아이들은 그런 아버지의 심중을 알지 못한다. 아버지가 감내해야 하는 아버지의 세계를 들여다보는 눈도 이해력도 없다. 영화가 초점을 맞추는 것이 그 지점이다. 거기서 부자간의 대립과 갈등이 생겨나기 때문이다. 언제나 크고 너르며 자상하고 엄격한 아버지의 나약함과 소소함이 갑자기 드러날 때 아이들 마음은 어떻겠는가?

너무도 낯설고 충격적인, 그래서 차라리 외면하고 싶은 장면과 맞닥뜨렸을 때 아이들이 보여주는 반응이 영화의 정점을 이룬다.

© 1932 Shochiku Co. Ltd.

〈태어나기는 했지만〉은 그 지점에서 부자갈등을 적절히 해소하고 객석에게 안도의 한숨과 평안한 동의를 얻어내도록 한다. 자극적이지도 않고 지나치게 교훈적이지도 않은 미덕이 아닐 수 없다.

성장영화

료이치와 케이지가 어느 날 아버지가 다니는 회사사장 이와사키의 집에 놀러간다. 이와사키의 아들 쥬야쿠가 집에서 활동사진을 보여주겠다고 했기 때문이다. 유약하고 겁 많은 쥬야쿠는 형제의 놀림감이자 하수인이다. 형제의 손짓 하나에 따라 죽었다가 살아나기를 반복하는 사장아들 쥬야쿠. 그날 예기치 못한 반전(反轉)이 일어난다.

활동사진을 보러온 어른들 틈에 료이치 형제의 아버지 요시이도 끼어 있다. 활동사진은 이와사키를 난처하게 하는 장면도 있고 (게이샤와 수작을 부리는 장면), 동물원 풍경도 나온다. 하지만 결정적 장면은 요시이가 이와사키에게 아부를 떠느라 희극배우처럼 얼굴을 일그러뜨리고 우스꽝스런 몸짓을 하는 것이다.

다른 친구들과 함께 활동사진을 보던 두 아들의 심경(心境)은 어땠을까. 거기서부터 〈태어나기는 했지만〉은 아동의 세계를 그린 희극영화에서 성장영화로 진화한다. 지금까지 아이들의 가슴속에 한 번도 찾아오지 않았던 문제가 물밀 듯 밀려온다.

"우리 아버지는 어떤 사람인가. 누가 더 위대한가. 우리 아버지인가, 아니면 형편없는 쥬야쿠의 아버지인가. 아버지는 왜 사장한테 굽실거려야 하는가."

요시이는 난감하다. 직접적인 저항과 단식투쟁으로 아버지의 비루함과 허접함을 찔러오는 료이치와 케이지를 설득할 수단이 없기 때문이다. 아버지의 세계를 이해하기에는 너무 어린 아들들. 하지만 부자지간은 천륜 아닌가. 주먹밥 몇 개로 사건은 평화롭게 해결되고, 아이들은 훨씬 더 용감하고 현실적이 된다. 마지막 장면은 인상적이다.

결론을 대신하여

이와사키의 승용차가 건널목에 정차하고, 사장이 내린다. 요시이는 못 본 체한다. 료이치가 아버지에게 말한다. 사장님께 인사하시라고! 못이기는 척 사장에게 인사하는 요시이. 겸연쩍은 표정이지만 나쁘지 않은 얼굴이다. 요시이와 사장을 태우고 달리는 승용차.

하늘처럼 아버지를 존숭(尊崇)하고 따랐던 소년이 문득 아버지의 허약한 정체를 알게 되면 어떤 생각과 행동을 할 것인가. 성실하고 유능하지만 물려받은 것 없는 자본주의 사회의 가장과 그것을 대물림해야 하는 어린것들의 소박하고 꾸밈없는 행태를 가볍고 따사로운 웃음으로 버무린 소품이 〈태어나기는 했지만〉이다. 재능 있는 청년감독 오즈 야스지로의 미래에 서광이 환하게 내리비치는 듯하다.

현기증

감독 알프레드 히치콕
주연 제임스 스튜어트, 킴 노박
장르 드라마, 미스터리, 스릴러, 멜로/로맨스
연도 1958

스릴러와 멜로드라마 사이에서

짧은 머리말

알프레드 히치콕 감독(1899~1980)은 스릴러 장르를 확립한 인물로 정평이 나있다. 영국에서 〈암살자의 집〉(1934), 〈39계단〉(1935) 등으로 명성을 얻는다. 1939년 미국의 부름을 받고 대서양을 건너 〈레베카〉(1940), 〈단애(斷崖)〉(1941), 〈의혹의 그림자〉(1943) 등으로 스릴러의 대가로 거듭난다.

할리우드에서 그는 〈다이얼 엠을 돌려라〉(1954), 〈현기증〉(1958), 〈북북서로 진로를 돌려라〉(1959), 〈사이코〉(1960), 〈새〉(1963) 같은 영화를 연출하여 자신의 영화세계를 풍성하게 한다. 이들 모두 작품의 공통점은 인간내부에 자리하고 있는 본원적인 공포와 불안을 추구한다는 점에 있다.

단순함의 미학: 최소화된 관계

두 시간 넘는 상영시간이 길지 않게 느껴진다면, 그것은 일차적으로 시나리오의 힘이다. 긴장과 이완의 적절한 분배, 오락과 교훈의 적절한 배합, 가속과 감속의 원숙한 속도조절이 전제다. 거기에 배우들의 나무랄 데 없는 연기는 필수조건이다. 운이 좋다면 음악과 분장 같은 특수효과도 필요하리라.

〈현기증〉에는 이런 세 가지 조건이 충족되어 있다. 그 중에서도 나는 군더더기 없는 시나리오를 높이 사고 싶다. 그것은 등장인물 관계에서 확연히 드러난다. 매들린을 둘러싼 스코티와 개빈 엘스터 관계, 주디와 스코티 관계의 확장, 스코티와 미지의 밋밋한 부차적인 관계가 기본축의 전부다.

아내 매들린에게 물려버린 남편 개빈 엘스터의 삿된 물적 욕망과 그것을 실현해줄 정부(情婦) 주디, 완전범죄를 위해 고용된 대학동창이자 전직형사 스코티. 이 정도에 멈췄으면 영화는 훨씬 홀쭉했을 터. 히치콕은 여기에 주디와 스코티 관계변화를 부설하고, 스코티와 미지의 관계도 끝까지 유지시킨다.

〈현기증〉에서 관객은 인물들의 관계설정과 사건진행 때문에 복잡함이나 어려움을 겪지 않는다. 아더 코난 도일이나 아가사 크리스티의 추리소설 독자가 겪어야 할 난해함과 추상성에서 해방되어 있는 셈이다. 그 결과 관객은 감독이 추구하는 대상과 직접 대면할 수 있다는 장점을 가진다.

반전의 미학

그러하되 〈현기증〉에서 관객이 반전이나 스릴러와 작별하는 것은 아니다. 반전은 자연스럽고 신속하게 객석을 찾는다. 장면 하나를 보자.

주디는 엘스터의 범죄에 동원된 정부였다. 얼마간의 돈을 받고 매들린 행세를 하던 그녀는 스코티의 진심어린 사랑에 감동한다. 1년 전이나 지금이나 변함없이 매들린을 사랑하는 스코티에게 그녀는 작별편지를 쓴다. 하지만 그녀는 편지를 이내 찢어버린다. 그녀는 사랑을 향해 과감하게 나아간다.

이 지점부터 영화는 스릴러 본연의 긴장과 서스펜스를 깨끗하

게 잊어버린 것처럼 보인다. 오래도록 독신으로 지내온 스코티가 진정한 사랑을 만날 수 있을 것인가. 매들린으로 살아온 주디가 마음 속 깊이 염원했던 스코티와 결합할 수 있을 것인가, 하는 문제로 영화는 방향을 틀어버린다.

히치콕의 영화가 이런 방향의 문제제기와 해결로 막을 내렸다면 〈현기증〉은 그렇고 그런 멜로드라마로 전락했을 것이다. 감독은 예기치 못한 반전을 끝까지 도입한다. 주디와 엘스터가 함께했던 자리에 주디와 스코티가 함께하게 한다. 우연과 필연이 교묘하게 엮인 마지막 장면은 인상적이다.

고소공포증

〈현기증〉을 인도하는 유일한 단서는 고소공포증이다. 전직 형사이자 건장하고 건강한 엘리트 경찰로 미래가 촉망되던 스코티가 조기 퇴직한 까닭은 고소공포증이다. 자신의 키 높이도 극복하지 못하고 졸도하는 스코티. 영화에서 우리가 궁금하게 생각하는 것은 스코티가 고소공포증을 극복할 수 있겠는가 하는 대목이다.

도입부에 그려지는 것처럼 고소공포증의 양상과 결과는 스코티에게 치명적인 상처와 충격으로 다가온다. 스코티의 고소공포증과 매들린을 향한 그의 사랑은 영화 후반부에서 사다리의 양면

처럼 맞물려 있다. 형사의 동물적인 후각(嗅覺)으로 사태의 본질을
인지한 그가 주디를 몰아가는 장면은 단연 압권이다.

 동일한 상황을 재연하도록 주디를 강제하는 스코티에게는 의도
적인 두 가지 기획이 있는 듯하다. 하나는 매들린의 죽음에 내재
한 진실을 확인하는 것이고, 그 둘은 도저히 불가능한 것처럼 보
이는 고소공포증을 극복하려는 것이다. 여기서 우리는 이기적인
인간 스코티와 열패감에 휩싸이는 주디와 만난다.

 결과적으로 주디는 두 번 죽는다. 이미 죽은 매들린 대신 투신
하는 것처럼 보이는 첫 번째 가상(假想)의 죽음과 우연한 실족(失
足)으로 인한 실제의 죽음이 그것이다. 첫 번째 가상의 죽음에는
스코티가 부재하지만, 실제적인 두 번째 죽음의 목격자는 스코티

다. 고소공포증을 극복한 스코티의 모습이 낯설어 보인다.

히치콕은 〈현기증〉에서 무엇을 말하려 했을까?!

고소공포증은 어디서 오는 것일까. 왜 어떤 사람은 높은 곳에 올라가면 극한의 공포에 휩싸이는 것일까. 그것을 극복하는 방법은 없을까. 이것이 〈현기증〉에서 히치콕이 우리에게 제기하는 문제 가운데 하나일 것이다. 확신컨대, 고소공포증이 없는 히치콕은 그것의 실체를 마음에서 찾은 것 같다.

고소(高所)에서 평상심을 유지하지 못함은 나약한 심성에 기인하는 것이 아닐까, 하고 히치콕은 생각한 것 같다. 거기 덧붙여지는 것이 사랑이다.

스코티는 매들린을 사랑한다. 매들린을 향하는 그의 사랑은 병적일 정도로 강렬하다. 집착이라 보일만큼 스코티는 매들린에게 열광하고 매료된다. 그가 주디에게 매들린의 의상과 머리모양새, 분위기에 이르기까지 모든 것을 강요하는 데에는 까닭이 있다. 매들린을 향한 이상 징후적인 집요함이다.

그것은 스코티의 또 다른 질병이다. 대상에게 과도하게 집착한 나머지 현실과 환상을 구별하지 못할 만큼 혼란스러운 스코티.

스코티가 경험하는 고소공포증과 사랑의 결합체가 주디의 실족사와 연결되면서 그는 양자로부터 모두 풀려난다. 의붓엄마 주술에 걸린 백설공주가 왕자의 키스로 깨어나는 것처럼, 스코티는 주디의 죽음을 통해서 비로소 사랑의 집착과 고소공포증에서 벗어난다. 충격 요법으로 어려운 문제를 해결하는 스코티.

결론을 대신하여

〈현기증〉은 마천루에서 살아가는 20세기 현대인의 고소공포증과 도를 넘은 사랑의 집착이 빚어낸 도착증을 극복하는 사내의 이야기다. 현기증이 날 정도의 미인과 고소공포증에서 가까스로 벗어나는 외로운 사내의 고군분투가 〈현기증〉에서 아찔하게 그려져 있는 것이다.

히치콕은 우리에게 이렇게 묻는 듯하다.

"당신에게는 고소공포증이 없습니까?"

"당신은 현기증 날 정도의 미인을 사랑하시렵니까?"

자전거 도둑

감독 | 비토리오 데 시카
주연 | 리아넬라 카렐
장르 | 드라마
연도 | 1948

잃어버린 연민과 동정을 찾아서

글을 시작하면서

비토리오 데 시카 감독(1902~1974)은 한국 관객에게 낯선 인물이다. 장년과 노년층 관객이라면 소피아 로렌 주연의 〈해바라기〉를 기억할 것이다. 제2차 세계대전으로 인해 상실된 사랑과 가정을 아프게 담아낸 영화 〈해바라기〉(1970).

소련에서 촬영되었고, 해바라기가 소련을 상징한다는 이유로 1980년대 들어서야 국내에서 개봉된 〈해바라기〉. 중국보다 더 중국답고자 했던 '소중화(小中華)'의 후예로 후견국가 미국보다 공산주의를 더 끔찍하게 싫어하는 '리틀 아메리카'의 우울한 현주소.

가설하고 〈해바라기〉를 감독한 인물이 비토리오 데 시카다. 그는 '네오리얼리즘'의 선구적인 작품으로 평가받는 〈자전거 도둑〉(1948) 이전에 〈구두닦이〉(1946) 같은 영화로 전후(戰後) 이탈리아의 현실을 냉정하게 들여다본 인물이다.

전후 로마 풍경

실직과 구직의 어려움으로 고통 받지만 전후 로마 시민들은 살려는 의지로 충만하다. 모두 가난하고 실직한 상태지만 그들의 눈빛은 형형하다. 살아야 한다는 열망으로 차고 넘치는 군중 속에 안토니오 리치가 있다. 그는 갓난쟁이와 여덟 살 남짓한 아들 브루노, 토끼처럼 귀여운 아내 마리아를 거느린 가장이다.

그가 오늘 기막힌 일자리를 얻었다. 그것은 안정적이면서 상당한 수입을 보장하는 벽보 바르는 일이다. 하지만 그 일에는 자전거가 필수 조건이다. 이곳저곳을 기동성 있게 이동해야 하기 때문이다. 커다란 전단지와 풀 그리고 솔과 사다리 같은 비품도 자

전거의 도움 없이는 해결할 수 없다.

그의 자전거는 지금 전당포에 있다. 2년 가까운 실직기간에 먹고 살기 위해서 그들은 온갖 가재도구를 전당포에 넘겼던 것이다. 마리아의 얼굴이 밝아졌다가 일순 어두워진 것은 자전거 때문이리라. 그녀의 결단은 침대보를 전당포에 저당하는 것이다. 새로운 물품을 저당하고 옛 물건을 되찾는 빈곤의 우울한 악순환.

비토리오 데 시카 감독은 여기서 도저히 잊을 수 없는 장면을 만들어낸다. 안토니오와 마리아가 잡힌 침대보를 가지고 전당포 직원이 높이를 알 수 없는 거대한 창고를 수직으로 올라간다. 층마다 겹겹이 쌓여있는 침대보는 전후 로마 시민들의 생활상을 한눈에 알아보도록 인도한다. 단순함과 간결함의 위대한 승리가 아닐 수 없다.

자전거를 잃어버린다는 것

출근 첫날 아침의 집안풍경은 따사롭기 그지없다. 식구들 모두의 얼굴에 웃음꽃이 환하다. 아버지의 자전거를 닦는 소년 브루노의 얼굴도, 남편의 모자를 손보는 아내 마리아의 얼굴도 함박꽃이다. 팔다리를 버둥거리는 갓난쟁이까지도 행복해 보인다. 그렇게 안토니오는 브루노와 함께 출근한다.

소년노동이 전후 로마의 일상이었다는 사실이 영화에서 새삼스럽다. 자전거를 통근 수단으로 삼은 부자가 저녁 퇴근시간 이후의 만남을 기약한다. 그러하되 우리의 관심은 안토니오의 새로운 일자리다. 그것은 행복에 겨운 표정의 여배우를 전면에 내세운 커다란 전단지에 풀을 먹여서 벽에 바르는 지극히 단순한 일이다.

안토니오가 노동의 대가를 생각하기도 전에, 출근 첫날의 긴장과 은닉된 희열을 느낄 겨를도 없이 예기치 않은 비극이 다가온다. 제목이 알려주는 것처럼 자전거를 도둑맞는 것이다. 백주대낮에, 그것도 자신이 있는 곳에서 생계수단 전부를 한순간에 상실하고 마는 안토니오. 자전거 전문 도둑처럼 보이는 그들은 조직적으로 대응한다.

도둑맞은 자전거를 찾지 못한다면 안토니오 일가는 아무런 꿈도 희망도 없다. 영화가 서사(敍事)의 긴장을 놓치지 않는 까닭은 객석과 공유하는 인간적인 아픔과 연민 때문이다. 망연자실한 남편, 눈물어린 눈의 아내, 두려움으로 가득한 커다란 눈망울의 아들. 이들 세 식구와 갓난쟁이의 앞날을 기다리는 것은 무엇인가?!

군중 속의 고독

자전거를 찾아야 한다는 일념으로 친구들을 동원하는 안토니오. 그들은 하나같이 어눌하고 남루하며 허술하다. 어설픈 인간들의 대열이 만들어진다. 감독은 화면 가득 자전거를 보여준다. 완

성된 자전거뿐만 아니라, 자전거 부품들로 화면을 가득 채우기도 한다. 안토니오에게 자전거가 얼마나 절실한지 보여주는 일상의 미학이다.

하지만 안토니오의 자전거는 세상 어디에도 없다. 대체 그 넓은 로마 어느 곳에서 잃어버린 자전거를 찾을 수 있단 말인가?! 안토니오는 우연히 마주친 자전거 도둑의 공범을 따라 성당에 들어간다. 거리에 차고 넘치는 노숙자들과 부랑자들과 거지들에게 점심식사를 제공하는 아름다운 성당과 우아한 숙녀들.

안토니오의 가슴 속에는 오직 자전거 밖에 없다. 거지노인을 겁박하지만 그에게 돌아온 것은 성당에서 쫓겨나는 것이다. 점심

도 자전거도 날려버린 안토니오를 찾아오는 것은 허망함과 배고 픔과 자포자기다. 〈자전거 도둑〉에서 설득력 있는 대목이 여기 언저리다. 안토니오가 브루노를 데리고 식당에 들어가는 장면.

영화는 자전거를 찾아 헤매는 부자(父子)를 둘러싸고 벌어지는 일장활극을 희비극적으로 보여준다. 성당 사제들의 형식적인 제례의식, 호화롭게 식사하는 부르주아 가정의 식구들, 자전거 도둑이 구현하는 발가벗은 가난과 간질발작, 허망하고 또 허망한 안토니오와 무관한 축구 관객들과 그들의 허다한 자전거들.

안토니오는 그를 둘러싸고 있는 로마 시민들과 완전히 격리되어 있다. 그는 거리에서 광장에서 완전하게 혼자이며 구원은 어디에도 없는 듯하다.

아버지와 아들

음악이 고조되며 안토니오의 숨이 가빠온다. 모퉁이에 세워진 자전거에 자꾸만 눈이 간다. 자전거만 있으면 그와 가족은 풍족하게 지낼 수 있다. 하지만 자전거가 없다면 그도 가족도 생계를 지탱할 수 없다. 목구멍 깊은 곳에서 욕망의 손길이 자꾸만 채근한다. "뭐 하고 있어?! 저걸 훔쳐 도망가라고. 그것만이 출구야!"

우리는 결말이 무엇인지 이미 알고 있다. '네오리얼리즘'은 감상(感傷)과 작별하고, 있는 그대로의 현실을 가감 없이 재현한다

는 강점을 보여준다. 하지만 현실을 있는 그대로 그려낸다는 것
은 사진 찍는 것과 무슨 차이가 있겠는가?! 여기서 빛을 발하는
것이 비토리오 데 시카 감독의 번뜩이는 연출 능력이다.

자전거 도둑을 잡으러 찾아 헤매다 어느덧 자신이 자전거 도둑
이 되어버리는 기막힌 현실. 안토니오를 둘러싼 시민들의 욕설과
비난이 이어진다. 그를 구원하는 것은 자전거 임자의 말이다. "저
자를 놓아줘! 자식 잘 키운 줄 알아!"

세상 모든 사람들이 안토니오를 욕하고 주먹질하고 침을 뱉어
도 아들 브루노는 아버지 곁을 지키고 있다. 아버지 곁에 꼭 붙어
서서 아버지를 용서해달라고 눈물로 호소하는 브루노. 그렇게 아
버지와 아들은 군중들에게서 풀려난다. 어린 아들의 손을 꼭 잡
고 그렁그렁한 눈으로 하늘을 보는 안토니오.

글을 맺으면서

우리는 안토니오 일가의 뒷일을 전혀 알지 못한다. 그들이 가난과 범죄의 수렁에 빠져들었는지, 험난한 역경을 이겨내고 빛나는 삶을 가꾸었는지 우리에겐 아무런 정보도 없다. 하지만 비관적인 결말을 상상하는 관객은 많지 않을 것이다. 견고한 부자관계 확립과 이탈리아의 전후부흥을 떠올리기 때문이다.

그러하되 21세기 한국사회의 암울함을 상기하지 않을 수 없다. 1인당 국민소득이 3만 달러에 이른다는 2015년을 돌아보면 그러하다. 누군가는 넘쳐나는 부(富)를 주체하지 못하고, 누군가는 가난과 질병과 고독으로 삶을 마감한다. 송파구 세 모녀 자살사건은 현재 진행형이다. 우리는 여전히 자살공화국의 시민이다.

'세월호 참사'가 일어난 지 1년이 훌쩍 지났지만, 사건의 실체는 오리무중(五里霧中)이다. 언론은 그만하자는 채근기사로 지면을 채우고, 돈 먹었으니 이쯤하자는 비정하고 냉정한 대중의 눈빛은 차갑기 이를 데 없다. 연민과 동정이 실종돼버린 21세기 대한민국. 가족주의와 보신주의로 차고 넘치는 차갑고도 차가운 염량세태.

〈자전거 도둑〉은 21세기 냉혹한 한국사회와 한국인들이 아니라, 연민과 동정에 기초한 세상을 꿈꾸는 사람들을 위한 따사로운 영화다.

스틸 앨리스

감독   리처드 글랫저, 워시 웨스트모어랜드
주연   줄리안 무어, 알렉 볼드윈
장르   드라마
연도   2014

비비안 마이어를 찾아서

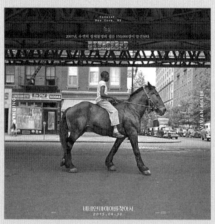

감독   존 말루프, 찰리 시스켈
주연   존 말루프, 비비안 마이어
장르   다큐멘터리
연도   2013

두 여자의 삶을 재구성하다

글을 시작하면서

비교한다는 것은 간단하지 않은 일이다. 비교결과가 신통치 않기 때문이다. 빤한 결론이 나오기 십상이어서 새로운 맛이 없거나, 진부하고 식상한 경우가 많다. 혹은 비교대상이 아님에도 견강부회(牽强附會) 식으로 비교하려 드는 바람에 설득력을 얻기 어려운 경우도 적잖다.

그럼에도 비교하는 행위에는 의미가 있다. 비교할 만한 대상이 설정되면 양자에 대한 명징한 이해에 도달하는 첩경을 제공한다. 이분법을 염두에 두면 확연해진다. 선과 악, 아군과 적군, 주인과 노예, 남사와 여자, 아버지와 아늘 같은 대립적인 존재를 연상하시라.

〈스틸 앨리스〉와 〈비비안 마이어를 찾아서〉를 비교하는 것은 억지스러워 보인다. 양자 사이에 대척점이나 친연성이 없어 보이기 때문이다. 그럼에도 내가 그들을 비교하려는 것은 두 여성이 21세기 우리 시대를 이해하는 양질의 질료를 제공한다고 믿기 때문이다.

일반영화와 기록영화

〈스틸 앨리스〉는 익숙한 형식의 영화다. 하나나 둘 정도의 주인공을 설정하고 그들이 맞닥뜨리는 사건과 관계와 운명을 보여주는 것이다. 영화에서 우리는 스타 교수이자 세 자녀의 어머니, 탁월한 내조자 앨리스가 맞이하는 느닷없고 비극적인 운명의 전변을 목도한다.

누구나 한번쯤 생각하는 '치매(알츠하이머)'가 그녀를 찾아오는 것이다. 그것도 쉰 살이란 젊은 나이에. 집안에 있는 화장실을 찾지 못해 선 채로 소변을 내지르는 앨리스의 비통한 표정은 인상적이다. 저런 사건이 앨리스에게 닥칠 것이라고 누군들 상상이나 했는가?!

〈비비안 마이어를 찾아서〉는 실존인물에 대한 기록영화다. 마이어는 무명의 사진작가로 사망할 때까지 자기가 찍은 사진을 공개하지 않은 여성이었다. 영화는 2007년 부동산 중개인이자 수집전문가 말루프가 마이어의 필름이 담긴 상자를 구입하게 된 경위부터 시작한다.

〈스틸 앨리스〉 중 한 장면

〈비비안 마이어를 찾아서〉 중 한 장면

말루프는 마이어의 사진에서 범상하지 않은 기량을 확인하고 그녀의 일대기를 추적한다. 프랑스 태생의 미국인 마이어의 주변 인물들을 인터뷰하고, 그녀의 고향마을을 방문하여 현장성을 높이기도 한다. 그것은 실존인물의 삶에 구체성과 현실성을 부여하는 결과를 잉태한다.

대척적인 운명

〈스틸 앨리스〉는 지성인이자 우아한 주인공의 바닥 모를 추락으로 요약 가능하다. 아이비리그의 명문 콜롬비아 대학 언어학부 교수로 명성을 날리던 앨리스가 치매로 급전직하 하기 때문이다. 인생의 정점에서 예기치 못한 환란을 만난 앨리스가 겪어야 하는

비통한 운명.

화려한 명성과 은성한 파티 그리고 화목한 가정의 엘리스가 어떻게 치매와 만나고 싸우는지, 그것이 영화의 골간이다. 아리스토텔레스가 〈시학〉에서 말하는 비극의 요건이 확실하게 마련된 셈이다. "유복한 자가 갑작스레 대면하게 되는 운명의 전변"이 엘리스를 찾아온 것이다.

마이어는 조용히 사라질 뻔했던 여성이다. 그녀의 낮은 사회적 지위와 은둔자적인 생활자세가 원인이다. 호기심 많고 눈 밝은 말루프가 확보한 마이어 사진의 작품성이 점차 드러난다. 그 과정에서 우리는 마이어가 어떤 인간이었는지 말루프의 안내로 더 들어나가기 시작한다.

15만장의 사진을 남긴 작가이자, 신문 수집광 마이어의 실체가 밝혀진다. 그녀의 사진 속 인물들은 특정한 시공간에서 자신의 존재를 적절하게 드러낸다. 그것은 마이어와 인물 사이의 교감과 이해가 없으면 불가능하다. 뛰어난 사진작가 마이어가 세상에 알려지는 것이다.

좌절의 늪과 고독의 그늘

엘리스는 절망과 실의의 나날을 보낸다. 최고의 지성을 가졌기에 치매의 진행속도가 일반인보다 현저히 빠르게 진행된다. 나날이 악화되는 상황에서 그녀가 선택하는 것은 인간답게 생을 마감하는 것이다. 그것도 자신의 손으로 조용히 끝장내는 길을 선택하려 한다.

그녀의 마지막 선택마저 치매가 방해하는 장면은 깊은 울림을 준다. 저토록 깊고도 너른 망각의 심연이 치매로구나, 하는 장탄식이 절로 새어나온다. 동시에 영화는 엘리스가 인간의 존엄성과 가능성을 끝까지 포기하지 않았음을 보여준다. 거기에 힘을 보태는 인물은 고집불통 말썽꾼인 배우 지망생 막내딸 리디아다.

마이어는 평생 고독한 인물이었다. 어려서부터 홀로였던 그녀는 언제나 외부와 높은 담장을 쌓고 살았다. 어린아이를 돌보는 유모로 살았지만 그녀의 관심은 피사체(被寫體)로서 아이들이었다. 그녀는 아이들에게 애정이나 유대 같은 것을 심어준 적이 없는 인물로 확인된다.

고독했던 그녀의 사진에는 따뜻하고 인간미 넘치는 인물들이 등장한다. 그녀 깊은 곳에 자리한 인간과 사랑에 대한 갈망이 사진으로 표현된 것이 아닐까. 가까운 대상에 대한 분노와 증오가 멀리 있는 대상에 대한 사랑과 관용을 잉태한다고 도스토예프스키는 말하지 않았던가?!

〈스틸 앨리스〉 중 한 장면

〈비비안 마이어를 찾아서〉 중 한 장면

글을 마치면서: 무엇을 돌이킬 것인가

〈스틸 앨리스〉로 줄리안 무어는 2015년도 아카데미 여우주연상을 받았다. 무어가 정평 있는 연기자이지만 치매로 괴로워하는 사람들과 가족에게 주는 헌사인 것 같다. 영화의 주안점은 치매로 무너지는 개인과 파탄 나는 가정이 아니다. 어떻게 치매와 싸우는 지가 관건이다.

리디아가 안톤 체호프의 장막극 〈세 자매〉의 마지막 장면에서 "살아야 해!"라는 대사를 반복하는 데에는 까닭이 있다. 생의 굽이굽이에서 우리가 만나는 좌절과 절망과 실패에 무릎 꿇지 말라는 것이다. 우리에게 닥치는 허다한 난관과 시련을 응시하고 정면 승부하라는 것이 영화 〈스틸 앨리스〉의 전갈이다.

무명작가로 평생을 살았던 마이어에게서 빈센트 반 고흐를 연상하면 안 될까?! 살아생전 딱 한 작품을 팔 수 있었던 무명화가 빈센트. 하지만 오늘날 그림시장에서 최고가를 경신하는 인물은 단연 빈센트 아닌가. 시대와 불화하고 당대에 인정받지 못한 불운한 천재 빈센트.

마이어가 고흐만큼 위대한지 나는 모른다. 하지만 죽어서야 이름이 알려지고, 작품의 진가를 인정받는 마이어의 삶은 고흐와 어지간히 닮았다. 뉴욕과 시카고를 넘어 유럽에서 전시되고 있는 마이어의 사진에는 그만한 가치가 있기 때문이다. 죽어서 되살아난 마이어.

〈스틸 앨리스〉와 〈비비안 마이어를 찾아서〉는 소품이다. 관객이 좋아하는 대중성 있는 영화도 아니다. 그럼에도 영화에는 삶에서 놓치기 쉬운 요소가 곳곳에 포진하고 있다. 치명적인 질병, 자살충동, 가족애, 자아실현 욕망, 절연과 고독 같은 상호 모순적인 것들이. 그 모든 것과 관계는 이렇게 외치고 있는 듯하다.

"어떤 경우에도 우리는 끝까지 살아야 한다. 삶의 원인이 밝혀질 때까지!"

한나 아렌트

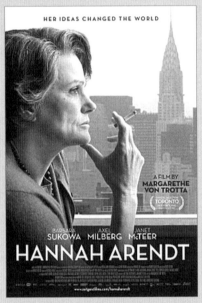

감독   마르가레타 폰 트로타
주연   바바라 수코바, 엑셀 밀버그
장르   드라마
연도   2012

깊이 생각할 거리를 던져주는 영화

글을 시작하면서

영화를 보기 전에 모든 관객은 나름의 기대치를 가지고 있다. 그것은 영화를 어떤 목적과 용도로 생각하는가, 하는 문제와 맞닿아 있다. 시간 죽이기, 연인과 함께하기, 상상력의 무한자극과 만족, 통쾌한 일장활극, 깊은 울림과 감동, 정서적 공감, 통렬한 풍자와 해학, 고전의 재해석 등등. 한 마디로 천차만별, 각인각색, 천양지차, 백화제방이다.

〈한나 아렌트〉(2012)는 〈로자 룩셈부르크〉(1986), 〈위대한 계시〉(2009)와 함께 마르가레타 폰 트로타 감독의 삼부작 완결편이다. 이들 삼부작은 여성감독의 시선에 포착된 문제적 여성들의 시각과 사유를 전달하고 있다는 공통점이 있다. 물론 각각의 영화는 나름의 주제와 문제의식을 가지고 있지만, 모두 화이부동의 세계를 보여준다.

영화를 보면서 우리는 폰 트로타가 제기하는 문제를 사유하고 판단하면 그만이다. 그것이 감독이 관객에게 요청하는 본령이기 때문이다. 영화는 한 시대를 풍미했던 정치 철학자 한나 아렌트가 집중 조명되었던 1960~1964년에 초점을 맞춘다. 그것은 히틀러의 충직한 하수인 아돌프 아이히만(1906~1962)의 재판과 결부된다.

아이히만과 전범재판

1932년 나치당에 가입한 아이히만은 1942년 게슈타포 유대인 과장이 된다. 그는 유대인을 유럽 각지에서 폴란드 수용소로 이송하는 최고 책임자로 500만 유대인을 이송했다고 한다. 1945년 종전 이후 체포됐으나 수용소를 탈출한다. 그는 이탈리아와 시리아를 경유하여 아르헨티나로 도주했다가, 모사드에 체포되어 공개재판 끝에 교수형 당한다.

유대인 출신 정치 철학자 한나 아렌트는 〈뉴요커〉 특파원으로 아이히만 재판에 참석할 자격을 얻는다. 세계를 떠들썩하게 했던 아이히만 재판기록을 분석하고 사유한 아렌트는 1963년 〈예루살렘의 아이히만: 악의 평범함에 관한 보고서〉를 출간한다. 영화에서 아렌트가 말하는 것처럼 아이히만 재판은 '뉘른베르크 전범재판'과 궤(軌)를 함께한다.

　한나의 남편 하인리히는 영화 첫머리에서 모사드의 아이히만 납치와 예루살렘 재판의 정당성을 묻는다. 국가 사이의 '범죄인 인도조약'에 어긋나는 모사드 행위에 문제를 제기한 것이다. 그것은 이스라엘에서 재판이 진행되면 마녀사냥이나 인민재판 형식으로 흐를 가능성을 지적한 것이기도 하다. 폰 트로타 감독의 치밀함이 드러나는 대목이다.

아이히만의 자기변호

　1961년 4월부터 12월까지 예루살렘에서 공개저으로 진행된 재판에서 아이히만은 자신의 범죄를 전면 부인한다. 그의 자기변호를 들어보자.

"나는 연속과정에서 일을 접수하여 중계업무를 처리했습니다. 명령을 받고 명령에 따랐을 뿐입니다. 내가 한 일은 행정절차에 따른 작은 역할이었습니다. 나는 남을 해치는 것엔 관심도 없었습니다. 나는 잘못이 없습니다. 한 사람도 내 손으로 죽이지 않았으니까요. 죽이라고 명령하지도 않았습니다. 내 권한이 아니었으니까요."

유대인의 수용소 이송임무와 양심 사이의 갈등을 묻는 질문에 그는 답한다.

"나는 시키는 것을 그대로 실천한 관리였을 뿐입니다. 월급을 받으면서도 지시에 따르지 않았다면 양심의 가책을 받았을 것입니다. 공직자의 용기란 조직된 위계질서입니다."

이런 식으로 아이히만은 모든 죄를 히틀러에게 돌린다. 자신은 지도자가 명령한 것을 충실히 따랐을 뿐이며, 따라서 결과도 최고권한을 가진 히틀러가 책임져야 한다는 논리였다. 이로써 그는 하달된 명령을 기계적으로 수행한 자동인형에 다름 아니었음을 스스로 웅변한 셈이다. 그의 행위에는 스스로 생각하는 과정이 개입하지 않았던 것이다.

아렌트가 해석한 아이히만

"악이란 뿔 달린 악마처럼 별스럽고 괴이한 존재가 아니라, 사랑과 마찬가지로 언제나 우리 가운데 있다. 그리고 파시즘의 광기든 무엇이든 우리가 악을 행하도록 계기가 주어졌을 때, 그것을 멈추게 할 방법은 '생각'하는 것뿐이다."

(〈예루살렘의 아이히만〉)

재판정에서 아이히만을 주시하던 아렌트에게 유대인 대량학살 주범은 너무나 평범한 인간으로 다가온다. 수백만 인명을 사지(死地)로 몰아넣은 아이히만은 피에 굶주린 악마도 냉혹한 살인마도 아닌 50대 중년남성에 불과했다. 그는 신념에 사로잡힌 특별한 인간도, 나치즘의 이념에 광분한 광신도도 아니었다. 아렌트의 사유는 여기서 비롯한다.

젊은 날 하이데거에게 사유하는 법을 배웠던 아렌트. 그녀에게 "사유란 인간을 모든 동물과 구별하는 유일한 특질"이라고 일깨웠던 하이데거. 존재의 유일무이한 자기증명을 사유에서 찾았던 하이데거. 그에게 매료되었던 아렌트는 아이히만의 정신 상태를 사유부재에서 찾아낸다. 이것을 일컬어 '악의 평범함 banality of evil'이라 한다.

"아이히만은 스스로 생각하기를 포기한 인간에 지나지 않는다!" 이것이 아렌트가 도달한 결론이었다. 자신의 행위가 야기할

파국적(破局的)인 결말을 전혀 고려하지 않은 인간. 주어진 과업을 로봇처럼 기계적으로 실행한 〈모던 타임스〉의 실제 주인공 아이히만. 스스로 인간이기를 포기하고 히틀러의 명령에 몸을 던진 나치의 충직한 하수인.

아렌트의 유대인 사회와 지도자 비판

아이히만에 대한 공개재판을 비판적인 관점으로 바라보면서 아렌트는 누구도 생각하지 못한 근본적인 문제를 제기한다. 그것은 나치와 히틀러에 순종하고 협력한 유대인 지도자들에 내한 비판이다. 고도로 조직화된 유대인 사회 지도자들이 나치에 소극적으로나마 부역하지 않았다면 600만 유대인이 죽지 않았을 것이라고 그녀는 말한다.

　모두가 희대의 살인마 아이히만에 대한 세기의 재판에 열광하
고 그의 죄상을 낱낱이 고발하는 시점에 전혀 다른 문제를 제기
하는 아렌트. 인류가 경험하지 못한 미증유의 '제노사이드'를 가
능하게 한 책임의 일단(一端)을 유대인 사회에서 찾은 한나 아렌
트. 그녀를 이해하는 극소수의 사람들을 제외하고 모두가 그녀를
외면한다.

　베를린에서 시온주의 운동을 같이 했던 쿠르트와 영원한 친구
로 여겼던 한스까지 아렌트에게 등을 돌린다. 아이히만의 극악무
도한 범죄행각을 어떻게 유대인 지도자들의 행적과 비교할 수 있
는가?! 자신을 향한 그들의 분노와 절망은 아렌트를 결코 좌절시
키지 못한다. 자신의 사유와 신념을 끝까지 관철해나가려는 용기
의 아렌트.

결론을 대신하여: 아렌트와 한반도

영화를 보면서 고문기술자 이근안과 부천경찰서 성고문사건의 문귀동이 떠올랐다. 명령에 따라서 충실하게 자신의 임무를 수행한 두 인간. 이근안을 거쳐 얼마나 많은 사람들이 국가보안법의 희생양이 되었던가?! 김근태 민청련의장도 피해가지 못했던 이근안의 마수(魔手). 인권의 사각지대에서 성을 고문도구로 자행한 희대의 악마 문귀동.

하지만 그들은 집에서는 엄격한 아버지이자 자상한 남편 아니었던가?!

경찰관 누구누구로 말할 것 같으면/ 남의 집 처녀를 성고문한 야수와도 같은 치한(癡漢)이기는 했으되/ 자기 집 딸이 어쩌다 하룻밤 늦도록 들어오지 않으면/ 딸아이 교육을 어떻게 시키느냐고 아내에게 나무라는 엄격한 아버지이기도 했도다.

(〈세상으로 말할 것 같으면〉)

김남주 시인의 풍자가 매섭다. 하지만 무비판적이고 기계적인 명령수행은 지금도 되풀이된다. 명령을 충실하게 수행한 자들은 승진하여 총리와 대법관이 되어 세상을 호령한다. 그들은 최고 권력자와 법의 명령에 충실한 하수인이자 자동인형이다.

반민특위 와해, 4.3항쟁과 무력진압, 6.25와 보도연맹사건, 4.19혁명과 발포, 베트남 파병과 민간인 학살, 대구 인혁당 사건, 광주항쟁과 서울의 봄, 그리고 '세월호 참사'에 이르기까지 국가와 권력은 명령을 하달했고, 누군가는 충실하게 명령을 수행했다.

우리 사회의 문제를 아렌트처럼 제기한다면 어떤 반응이 올 것인지 궁금하다. 이를테면 박유하 교수의 〈제국의 위안부〉를 둘러싼 논쟁을 생각하면 좋겠다. 위안부 문제를 처음부터 끝까지 제국주의 일본에게만 책임을 묻는 자세는 아렌트 방식으로 보면 정당하지 않다. 더욱이 일제의 지배기간은 나치의 광기가 휩쓸었던 6-7년이 아니라, 무려 36년이다. 누군가 조용하고 은밀하게, 근면하고 확실하게 일제 앞잡이 노릇을 한 것은 아닐까?!

"세상에 악이 존재하는 것은 인간의 도덕성이 부족해서가 아니라, 인간의 가치와 권리를 억압하는 사회-정치적으로 구조화된 악에 저항하지 않기 때문이다. 다른 사람의 처지를 생각할 줄 모르는 '생각의 무능'은 '말하기의 무능'을 낳고, 그것은 다시 '행동의 무능'을 낳는다."

(〈예루살렘의 아이히만〉)

미하엘 콜하스의 선택

감독 | 아르노 데 팔리에르
주연 | 매즈 미켈슨, 브루노 간츠, 폴 바르텔
장르 | 드라마
연도 | 2013

콜하스는 왜 목숨 걸고 싸웠는가

글을 시작하면서

자료를 찾아보니까 〈미하엘 콜하스의 선택〉을 영화관에서 공식적으로 관람한 관객은 6,741명이었다. 우리에게 제법 친숙한 덴마크 출신 배우 매즈 미켈슨이 출연한 영화치고는 너무 적은 수가 아닐 수 없다. 개봉일자는 2014년 2월 27일. 그러니까 〈변호인〉이 천만관객을 돌파한 즈음에 개봉된 영화가 〈미하엘 콜하스의 선택〉이다.

〈7번방의 선물〉이나 〈국제시장〉 같은 남루한 영화가 천만을 넘기는 영화풍토에서 7천명도 되지 않는 관객이라니?! 어쩌면 우리는 우심한 쏠림현상의 가해자이자 피해자인지 모른다. 남늘이 좋다면 우르르 따라하고, 나쁘다면 무비판적으로 수용하는 자세에 지나치게 익숙하다. 자신만의 고유한 향기와 색깔을 가진 사람을 찾기가 아직도 어려운 세상이다.

〈미하엘 콜하스의 선택〉은 무겁고 진지한 영화다. 그렇다고 극적인 반전이나 재미가 없는 영화는 결코 아니다. 풍성한 볼거리와 잘 짜인 각본과 출중한 배우들의 연기가 잘 조화된 영화다. 그럼에도 한국 관객들은 외면한다. 영화의 다양성과 다채로운 시각과 기호(嗜好)를 위해서라도 이런 풍토는 바뀌었으면 하는 바람이다.

영화의 시공간 배경

1517년 가을 엘베강변의 비텐베르크 대학교회에 내걸린 95개조 반박문으로 조용히 시작된 것이 종교개혁이다. 마르틴 루터가 10월 마지막 날에 대학교회 정문에 장문의 반박문을 게시한다. 반박문의 핵심은 면죄부(免罪符)에 관한 것이었다.

돈을 주고 살 수 있는 면죄부가 인간의 죄와 그로 인한 하느님의 징벌을 면제해줄 수 있는가, 교황에게 면죄권한이 있는가, 하는 문제였다. 그 이후에 진행된 과정은 독자 여러분도 익히 아시리라 믿는다. 루터의 종교개혁을 가능하게 한 배경에는 구텐베르크의 금속활자가 있었다는 점만 하나 지적하자.

〈미하엘 콜하스의 선택〉은 하인리히 폰 클라이스트(1777~1811)의 원작소설 〈미하엘 콜하스〉를 영화로 만든 것이다. 클라이스트는 죽어서야 진가(眞價)를 인정받은 작가로, 도이칠란트는 물론 프랑스의 사실주의와 표현주의에도 영향을 미친 작가로 알려져 있다.

영화는 종교개혁이 진행되고 있던 16세기 중반을 시간적 배경으로 한다. 신성로마제국의 브란덴부르크, 작센, 드레스덴, 비텐베르크 등지가 공간적 배경이다. 루터가 등장하여 콜하스와 논쟁하는 장면은 사건진행과 긴밀하게 결합되면서 우리에게 종교와 권력의 문제를 사유하도록 인도한다.

콜하스는 왜 민중봉기의 지도자가 되었는가?!

콜하스는 유능한 마상(馬商)이다. 평범한 말을 길러서 명마(名馬)로 만들어 높은 값을 받고 파는 것이 그의 직업이다. 르네상스와 더불어 시작된 유럽의 근대가 신흥 부르주아를 만들어내던 시대를 드러내는 인물 콜하스. 얀 반 에이크의 유명짜한 그림 〈아르놀피니의 결혼〉(1434) 이후 100년 뒤의 인물 콜하스.

말을 팔러 가는 길에 그는 영주의 통행세 징수에 저항한다. 어쩔 수 없이 하인과 말 두 마리를 남겨두고 장삿길에 오른다. 귀로(歸路)에서 그가 확인하는 것은 피멍이 들도록 얻어맞은 하인과 폐마(廢馬)가 된 말이다. 평소 나름의 정의관을 가지고 있던 콜하스는 정식으로 고소하지만 기각 당한다.

작센 선제후에게 소청을 내지만 영주의 농간으로 무산된다. 그 와중에 아내마저 무참하게 살해당한다. 콜하스에게는 이제 두 가지 길만 남아있다. 무릎 꿇고 영주에게 굴종하느냐, 목숨을 걸고 투쟁하느냐! 개인의 권리와 사회정의를 위해 깃발을 들 것인가, 아니면 영주에게 온순하게 조아릴 것인가?! 양자택일 앞에 콜하스는 서있다.

자상하면서도 엄격한 가장이자 남편이며 아버지였던 콜하스는 사비를 들여 민병(民兵)을 조직한다. 그는 도처에서 승리하고, 작센을 접수할 만큼 세력을 확장한다. 하지만 그가 바란 것은 권력 장악이 아니라, 사회정의 회복과 상실된 자신의 권리 회복이었다. 여기서 콜하스는 루터와 대면한다.

루터는 어째서 권력의 편에 서 있었을까?!

누구의 명령에도 굴종하지 않았던 콜하스가 루터에게는 복종하고자 한다. 루터가 일으킨 종교개혁의 대의에 공감하고 신뢰를 가지고 있었기 때문이다. 하지만 우리가 영화에서 대면하는 루터는 콜하스의 편이 아니다. 민중봉기로 인해 불편한 심기(心氣)의 왕가와 권력자에게 부역하는 종교 개혁가 루터!

콜하스는 루터의 그런 모습에 실망하지만, 민병대를 해산하라는 루터의 종용을 받아들인다. 의미 없는 살육과 전쟁에 대한 염증도 문제였지만, 명민한 딸아이 리스베스의 문제제기에 대답을 찾을 수 없었기 때문이다.

"아버지가 원하시던 것이 저런 죽음이었나요?!"

루터의 종교개혁이 불완전했던 것처럼, 콜하스의 봉기 역시 최종지점에 대한 사유를 결여하고 있었다. 따라서 그의 민병대 해산결정은 어쩔 도리 없는 선택이었다. 루터와 대화하면서 불만족스럽고 의문에 가득 찬 표정을 짓는 콜하스. 리스베스의 질문에 머뭇거리며 움츠러드는 콜하스.

아버지와 딸의 복잡 미묘한 관계

콜하스가 아내와 사랑을 나눈다. 그때 리스베스가 모습을 드러낸다. 그들의 사랑으로 인한 신음소리에 딸아이가 온 것이다. 치안이 불안했던 시대의 거상(巨商) 콜하스는 이상한 소리가 나면 알리러 와야 한다고 딸아이를 가르쳤다. 두 사람의 나신(裸身)에서 조금도 눈을 떼지 않는 리스베스.

초주검 상태로 집으로 돌려보내진 아내의 피투성이 몸을 정성껏 닦아주는 콜하스. 그것을 숨어서 지켜보는 리스베스. 소리 지르면서 딸아이를 격리시키는 콜하스. 리스베스의 흉중에는 무엇이 자리하고 있는 것일까?!

봉기한 콜하스는 리스베스를 안장에 앉혀 데리고 다닌다. 궁금한 것이 있거나, 이해할 수 없는 것이면 무엇이든 거침없이 아버

지에게 묻는 리스베스. 참수형(斬首刑)을 당하는 아버지의 운명을
빤히 알면서도 한사코 그 자리를 서둘러 피하려는 리스베스. 콜
하스의 내면이 복잡한 표정으로 일그러진다.

근대적인 인간 콜하스의 저항은 의미심장하다. 부당한 권력자
의 명령에 저항하고, 개인을 지켜주지 않는 왕가와 국가에 투쟁
하는 의식 있는 인간 콜하스. 그런 아버지를 가까이에서 지켜보
며 자라난 리스베스. 그녀 역시 콜하스처럼 자신의 권리를 한사
코 주장한 것이 아닐까?!

사회정의와 개인의 권리를 위해 투쟁한 결과가 어머니의 죽음
과 아버지의 참수형이라는 비참한 결과를 수용하지 않으려는 것
이 아닐까?! 근대적인 인간 콜하스가 키워낸 또 다른 분신으로 다
가오는 리스베스.

글을 마치면서

영화를 보면서 〈아르놀피니의 결혼〉과 함께 브뤼헬의 〈장님의 우화〉(1568)가 떠올랐다. 마을 한가운데 있는 널찍한 길을 지나가지 못하고, 벼랑 근처의 위태로운 소로(小路)를 걸어가다가 구덩이에 빠지고 마는 장님들을 그린 그림! "장님이 장님을 인도하면 모두가 구렁텅이에 빠지게 된다!"는 〈마태복음〉을 소재로 브뤼헬이 그린 그림.

죽음을 1년 앞둔 시점에서 브뤼헬은 종교개혁의 성과와 의미를 반추한다. 만년(晚年)의 화가가 보기에 루터의 개혁은 미완으로 끝나가고 있었다. 그림 정중앙에 있는 교회는 장님들이 구덩이에 빠져드는 것을 무표정하게 지켜보고만 있다. 브뤼헬의 소회(所懷)는 우울하지만, 천년의 적폐(積弊)가 50년 만에 해결될 수는 없었으리라!

그럼에도 콜하스는 브뤼헬처럼 절망하지 않고 불의와 부당함에 온몸을 던져 저항한다. 아내도 잃고, 딸도 떠나가고, 자신마저 목이 달아나는 지경에 이르지만, 그는 물러서지 않는다. 그것이 영화가 우리에게 던지는 문제의식이다. 서구가 존중하는 천부인권과 정의는 콜하스 같은 허다한 개인들의 연면 부절한 투쟁과 죽음을 발판으로 삼아 굳건히 세워진 것이 아닐까.

로큰롤 보트

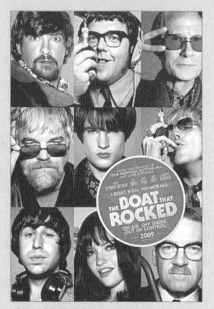

감독　리차드 커티스
주연　필립 세이모어 호프만, 빌 나이, 리스 이판
장르　코미디, 드라마, 멜로/로맨스
연도　2009

시대를 관통하는 웃음

글을 시작하면서

리처드 커티스 감독은 연출과 각본 모두에서 출중하다. 그가 연출과 각본을 맡은 영화는 〈러브 액츄얼리〉(2003), 〈로큰롤 보트〉(2009), 〈어바웃 타임〉(2013) 등이며, 각본을 담당한 영화는 〈네 번의 결혼식과 한 번의 장례식〉(1994), 〈노팅힐〉(1999), 〈브리짓 존스의 일기〉(2001), 〈트래쉬〉(2014) 등이다.

멜로드라마와 희극, 드라마와 스릴러, 애니메이션까지 다루는 장르도 다양하다. 그의 영화에서 우리가 만나는 것은 다채로운 웃음, 사랑에 관한 다각도의 성찰과 사회문제까지 무지개 색깔이다. 관객은 각자의 취향과 시선으로 등장인물 한두 사람과 소통하고 공감해도 충분하다. 그것이 커티스 영화의 장점이자 본질 가운데 하나다.

〈로큰롤 보트〉에서도 각양각색의 인물이 우리의 눈과 마음을 즐겁게 한다. 〈러브 액츄얼리〉에서 특정한 주인공이 없는 것처럼 〈로큰롤 보트〉에도 확실한 주인공은 없다. 비중이 큰 배역이 있을 따름이다. 영화는 다양한 계층과 나이의 관객에게 여러 가지 색깔의 웃음과 의미를 전달하면서 그 시대를 사유하도록 한다.

68혁명과 〈로큰롤 보트〉

북해에 해적선이 떠 있다. 당대 유행하던 록음악을 24시간 틀어주는 해적 방송선이다. 거기서 디스크자키들은 각자의 시간대를 할양받아 자유분방하게 진행하는 라디오 프로그램을 운영한다. 영화의 원제(原題)는 〈The Boat That Rocked〉. 'rock'은 '로큰롤을 추다'는 의미가 있으므로, '로큰롤을 춘 배' 정도로 번역 가능하다.

한국에서는 〈락앤롤 보트〉로 제목을 달았는데, 거의 빵점 수준이다. 영국, 도이칠란트, 미국, 프랑스가 함께 만든 영화지만, 주력은 단연 영국이다. 영국 영화에서 영어는 영국식으로 읽는 것이 예의 아닌가. 〈로큰롤 보트〉가 훨씬 가깝다. 실제로 영화는 '록음악'이 극성(極盛)했던 1966~67년을 시간 배경으로 한다.

1964년 통킹만 사건을 조작해 베트남 통일에 개입한 미국의 더러운 전쟁이 한창이던 시기. 모택동 지휘로 철없는 홍위병이 중국 전역에서 창궐하여 '문화혁명'을 주도하던 시기. '마샬 플랜'

으로 서유럽 경제가 부흥하고, 프티부르주아가 유럽사회의 주류로 성장하던 시기. 하지만 68혁명의 전조(前兆)가 무르익어 가던 시기가 영화의 시간대다.

록음악은 그악스럽고 속물적인 분위기에 일정한 저항과 자유로운 의식을 바탕으로 성장한다. 마약, 섹스, 알코올중독 같은 문제에 아무렇지 않게 대응하면서 자유로운 해방구를 꿈꾸었던 해적 방송선. 최소의 규율과 자율성에 기초하여 운행되던 음악 유람선. 로큰롤 하나만을 위해 몸을 던진 디제이들의 향연장 로큰롤 보트.

금지하는 것을 금지하라?!

68혁명의 구호는 "상상력에 권력을! 금지하는 것을 금지하라!"는 담대한 것이었다. 로큰롤 해적선은 이런 구호를 선취하고 있다. 그들은 사회적으로 용인되지 않은 것을 지향하며, 공적(公的)인 억압과 금지에 서슴없이 도전한다. 그 하나가 동성애에 대한 관용과 화합이다. 우리는 해적선 유일의 여자 탑승객 펠리시티를 기억한다.

그녀는 승객들의 식사를 책임지며, 동성애자이기에 남자들의 시선으로부터 자유롭다. 그녀가 이성애자(異性愛者)였다면 승선이 거부되었을 것이라고들 말한다. 누구도 함부로 동성애를 말하거나 지지하기 어려웠던 시기에 금기(禁忌)를 깨뜨리고 전진하는 로큰롤 전사들! 그들은 저급함과 비속함에도 거침없이 도전장을 내민다.

디제이들은 방송용어로 금기시되던 'fuck'이란 말을 수차 반복함으로써 청취자들의 절대적인 공감을 불러일으킨다. 금지하는 것에 대한 천성적인 반항이나 호기심이 인간의 본성 가운데 하나일 것이다. 하지 말라는 것을 향한 인간의 열망은 본능수준 아닌가?! 로큰롤 해적선의 승객들은 그런 인간적인 면모를 집요하게 추구한다.

그들이 영국정부의 문화장관에게 투항하기 전에 쏟아내는 언어의 상찬(賞讚)을 기억한다. "우리가 더 이상 방송을 할 수 없더라도 록은 계속 창조되고 전파되어야 합니다!" 그들은 로큰롤이 만들어낸 것들에 대한 옹호와 생명력을 누누이 강조한다. 로큰롤 전사들은 상상력에 자유를 부여하고, 금지하는 것을 금지하려는 의지로 가득하다.

92% : 8%

로큰롤 해적선 방송에 귀를 기울이는 청취자와 그것에 반대하는 사람들의 비율은 92% : 8%로 현저한 차이를 보인다. 도저히 비교 불가능한 압도적인 차이다. 그럼에도 영국정부는 공식문화와 품위, 사회정의를 내세워 해적선을 타파하고자 한다. 영화는 자극적인 풍자 없이 이 문제를 가볍게 다룬다.

수상이 인도하는 내각회의 장면도 지나치게 엄숙하거나 희화화되지 않는다. 그러기에 관객은 영화에 설득되고 매료된다. 감독이 어느 일방을 과도하게 매도하거나 편애하면 그것으로 영화는 이미 지리멸렬이다. 커티스는 이 점에서 능수능란하다. 그는 92%의 청취자 계층이 얼마나 포괄적이고 다채로우며 전세대적인지 보여준다.

8%에 불과하지만 공식문화를 유지해야 하는 주무장관의 고민 역시 경쾌하고 유쾌하게 그려진다. 그는 자동인형처럼 그려지기도 하고, 생동감 넘치는 인물로도 나타난다. 누구나 가지고 있는

양면성을 그려냄으로써 그가 가진 인간됨의 용량을 풍성하게 만드는 것이다. 그리함으로써 장관은 살아있는 인물로 재현된다.

자유연애와 성장영화

〈로큰롤 보트〉에서 관객은 자유로운 연애장면에 아연(啞然)해진다. 마리앤과 칼, 그리고 데이브 관계가 대표적이다. 20세 이전의 청춘남녀 미리엔과 칼이 서로에게 이끌리는 순간, 노련한 데이브가 아무렇지도 않게 마리앤을 가로챈다. 마리앤도 싫지 않은 기색이다. 대번에 풀이 죽어 괴로워하는 칼.

하지만 2015년 한국 관객들은 실색(失色)한다. "저래도 괜찮다는 거야", 하는 목소리가 터져 나오는 것 같다. 방금 전까지 칼의 품에 안겨있던 마리앤이 어느새 데이브와 나체 차림으로 침대에 누워있다니! 저것이 '자유연애'라는 것인가?! 성적인 자기결정의 능동성은 어디까지 지지받을 수 있을까?! 그런 의문이 꼬리를 문다.

영화는 따뜻한 장면을 제시한다. 풀죽어 있던 칼에게 마리앤이 다가선다. 그들 사이의 풋풋한 장면은 이제 막 인생을 시작하는 청춘남녀의 가슴 떨림과 아픔을 봄바람처럼 보여준다. 지나치게 무겁지도, 뜨겁지도 강렬하지 않은 봄바람처럼 따뜻하다. 로큰롤과 아주 멀리 떨어진 얘기처럼 보인다.

칼의 엄마가 보여주는 자유분방함은 칼의 성장을 촉진한다. 배 안의 누군가가 자신의 아버지라는 일념으로 장본인을 찾아가는 칼의 성장영화가 〈로큰롤 보트〉다. 아버지를 찾도록 인도하는 어머니의 일탈은 칼의 정신적 성장을 촉진한다. 칼이 마리앤과 재결합하는 근거는 엄마가 그 토대를 놓은 것이 아닐까?!

결론을 대신하여

영화의 마지막 장면이 특히 인상적이다. 흰긴수염고래와 충돌했는지, 아니면 공식문화의 어뢰와 충돌했는지 모르지만 해적선이 침몰하기 시작한다. 그들은 죽음의 공포와 싸우면서도 비상상황에 의연하게 대처한다. 방송을 진행하면서 구원을 요청하는 것이다. 특히 백작(伯爵)은 마지막까지 방송실을 사수한다.

우리의 믿음직한 문화부 장관은 예산부족을 핑계로 해적선 구조에 동의하지 않는다. 절체절명 위기일발의 순간이다. 모두가 끝났구나, 하는 시점에 여기저기서 허다한 배들이 몰려온다. 로큰롤 보트를 구하러 온 청취자들의 배가 쏟아져 나오는 것이다. 각자가 선호(選好)하는 디제이를 연호하면서 그들을 구해내는 장면은 훈훈하다.

록 음악가들은 대중과 함께 호흡하는 음악을 만들고, 대중은 또 그들과 같이 호흡하면서 살아갔던 신화의 1960년대. 록은 그렇게 대중 속에 깊이 뿌리 내렸고, 68혁명 이후 1970년대의 히피와 통기타와 청바지와 반전(反戰)을 만들어냈다. "모든 문화는 근본적으로 불온(不穩)한 것"이라 일갈했던 김수영의 지적은 오늘도 유효하다!

안개 속의 풍경

감독	테오도로스 앙겔로풀로스
주연	타냐 파라올로구, 미칼리스 제케
장르	드라마
연도	1988

게르마니아를 찾아서

글을 시작하면서

테오도로스 앙겔로풀로스는 한국 관객들에게 꽤 낯선 인물이다. 1935년 그리스에서 출생한 그는 2012년 오토바이 사고로 세상과 영원히 작별한다. 남부유럽의 약소국으로 전락한 위대한 그리스의 현대사를 아프게 인식한 좌파감독이 앙겔로풀로스다. 그는 1989년 '베네치아 황금사자상'과 1998년 '칸 황금종려상'을 수상했다.

앙겔로풀로스는 〈1936년의 나날〉(1972), 〈유랑극단〉(1975), 〈사냥꾼들〉(1977)로 이어진 현대사 3부작으로 그리스 현실을 조명한다. 〈구세주 알렉산너〉(1980)는 15세기 이후 구선(口傳)된 민담을 현대적으로 번안한 작품이다. 그것은 그리스를 구원해 줄 영웅을 기다리는 민중의 바람을 역사와 결합시킨 영화다.

〈안개 속의 풍경〉(1988)은 앙겔로풀로스 감독의 사유와 인식을

고스란히 잇는 영화다. 지금
과 여기에 머물 수 없는 사
람들, 시대에 뿌리 뽑힌 사
람들, 폭력적으로 세상과 대
면해야 하는 사람들의 이야
기가 〈안개 속의 풍경〉에 펼
쳐진다. 그들과 동일한 시공간을 공유하는 어린 남매의 열렬한 꿈
에 대한 서사를 동반하는 영화.

불라와 알렉산더는 왜 길을 떠났는가

매일 밤 정해진 시간에 게르마니아 행 열차를 보러 오는 불라와
알렉산더 남매. 누구를 마중 나온 것인지, 아니면 열차에 대한 동
경(憧憬) 때문인지 이유는 알 수 없다. 밤마다 되풀이되는 행사가
끝나면 열두 살배기 불라는 다섯 살배기 알렉산더에게 태초의 탄
생과 빛과 어둠을 이야기한다. 그때 등장하는 엄마.

관객은 엄마의 얼굴을 모른다. 엄마는 남매가 잠들었는지 여부
(與否)만 확인하고 문을 닫는다. 남매는 바닥에 요를 깔고 잠든 척
한다. 그들은 엄마에 대한 이야기는 거의 입에 올리지 않는다. 엄
마는 남매가 덮은 이불조차 건사하지 않고, 아이들이 온전히 잠들
었는지 확인하지도 않는다. 그저 잠시 문을 열고 지켜볼 뿐이다.

남매를 추동하는 동인(動因)은 게르마니아에 있는 아빠다. 아빠를 본 적도 없지만 알렉산더는 밤마다 아빠 꿈을 꾼다. 불라는 아빠에게 수취인 불명의 편지를 보내곤 한다. 아빠가 있는 게르마니아는 그들 남매의 이상향이자 구원의 땅이다. 지금과 여기는 남매에게 아무런 의미도 가지지 못하기 때문이다.

그들은 어느 날 문득 열차에 오른다. 게르마니아를 찾아서! 게르마니아에 있는 아빠를 만나기 위한 머나먼 여정(旅程)에 오른다. 〈안개 속의 풍경〉은 여기서 서사를 시작한다. 따라서 영화는 전형적인 '로드무비' 형식을 취한다. 관객은 게르마니아를 향한 길에서 남매가 만나는 인간군상과 풍경을 함께 하면서 동공(瞳孔)을 넓혀간다.

길 위의 사람들 1: 결혼 피로연

캄캄한 밤거리를 지나는 남매에게 흥겨운 음악소리가 들려온다. 어디선가 결혼 피로연이 진행 중이다. 추위와 허기로 지친 그들은 불빛을 향해 걸음을 옮긴다. 그때 웨딩드레스를 입은 신부가 거리로 뛰쳐나온다. 그녀는 어디론가 도망칠 기세다. 신랑이 허둥지둥 달려 나와 신부를 달래서 데리고 간다. 이것은 무엇인가?!

꽹음이 들리고 트랙터가 다가온다. 트랙터에는 말이 매달려 있다. 말은 단말마의 숨을 쉬며 죽어가고 있다. 알렉산더는 두려움과 조바심에 울음을 터뜨린다. 불라가 말 옆에 쪼그리고 앉더니 작은 주먹으로 말의 최후를 배웅한다. 이윽고 숨을 거두는 말. 알렉산더의 구슬픈 울음소리가 자꾸만 높아간다.

그 시각에도 결혼 피로연장의 흥겨운 음악소리는 멈추지 않는다. 어느새 하객(賀客)들과 신랑신부는 거리로 쏟아져 나와 한바탕 춤을 추기 시작한다. 검은 하늘 아래서 피로연장의 불빛을 배경으로 군무(群舞)가 펼쳐진다. 망연히 울고 있는 알렉산더, 여전히 말 옆에 쪼그리고 앉아있는 불라. 이것은 또 무엇인가.

생의 종착역에 도달한 말을 저승으로 인도하는 불라. 이제 막 시작된 두 번째 생의 환희를 축하하는 광란에 가까운 춤과 음악. 죽음의 현장에서 펼쳐지는 흐드러진 인생의 한 판 축제. 생과 사는 언제나 그렇게 가까운 거리에서 얼굴을 대면하지만, 우리는 모른 척하며 혹은 모르면서 지나간다!

길 위의 사람들 2: 유랑극단 패거리

중년도 훌쩍 넘어선, 외려 노년에 가까운 축으로 이뤄진 9인의 유랑극단 패거리. 그들은 그리스 현대사의 아픈 페이지를 반추하며 연습에 몰두한다. 하지만 급속히 변하는 시대와 세태는 그들을 받아주지 않는다. 그리스 전역을 떠돌고 있지만 하루가 다르게 멀어지는 인심을 그들은 날마다 실감해야 한다.

공연하기로 약조했던 극장마저 웃돈 때문에 대관을 취소하기 일쑤다. 우아하고 세련되며, 기품 넘치는 배우들의 연기연습은 단아하기까지 하다. 하지만 그들이 딛고 서있는 대지는 때로는 진창으로, 때로는 흙탕물로 가득 차 있다. 대지에서 뿌리 뽑힌 유랑극단 패거리의 현주소를 웅변하는 거리의 삭막한 풍경.

마침내 그들은 마지막 지점까지 쫓긴다. 극단을 유지할 수 없는 지경에 이른 것이다. 빨래줄 가득 걸려 있는 무대의상. 극단대표인 영감은 몸이 불편하다는 핑계로 현장에 부재하고자 한다. 어디선가 온 장사꾼들이 가격을 흥정하고, 배우들은 먼 곳을 보며 한숨짓는다. 세상은 그렇게 구슬프게 흘러간다.

길 위의 사람들 3: 불라의 몸을 탐하다

비바람 몰아치는 밤거리에서 불라 남매를 태워주는 대머리 트럭 운전사. 식당에서 저녁까지 주문해주는 고마운 심성의 소유자. 하지만 그는 육욕(肉慾)에 사로잡힌 초로(初老)의 사내일 따름이다. 술기운을 빌려 간단히 12살짜리 어린 소녀의 몸을 유린한다. 아무렇지도 않게 대로에서 벌어지는 강간이라니.

불라는 저항할 수 없다. 그녀는 알렉산더에게 아빠를 찾아가는, 꿈의 땅 게르마니아를 찾아가는 여정을 포기하자고 한다. 엄마가 보고 싶지 않느냐고 불라는 묻는다. 하지만 알렉산더는 완강하다. 소년은 아빠에게 속삭인다.

"사랑하는 아빠, 우리는 낙엽처럼 여행하고 있어요!"

불라는 게르마니아가 있는 북쪽으로 길을 재촉한다. 열차표 없이 승차했다가 번번이 경을 친 소녀는 간이역(簡易驛) 노동자에게 385 드라크마를 달라고 한다. 점점 숨이 가빠지는 노동자의 눈길이 뜨겁다. 아무도 없는 공간에서 불라의 이름을 묻다가 돈을 주고 사라지는 노동자. 그렇게 불라는 돈을 얻는다.

오레스테스와 불라: 사랑의 슬픔

유랑극단의 이동버스 운전사이자 멋진 오토바이 소유자. 입대를 목전에 둔 25살짜리 청년 오레스테스. 아이스킬로스의 〈오레스테스 3부작〉과 동명(同名)의 주인공이지만, 비극의 오레스테스와 영화의 오레스테스는 아무런 인과관계도가 없다. 다만, 한 가지. 그 둘 모두 여인의 가슴에 칼을 박았다는 공통점 말고는.

거리에서 거친 남성에게 세상의 험한 꼴을 몸으로 겪어야 했던 불라를 위로하는 유일자 오레스테스. 멋지고 정의로우며 시적(詩的)인 오레스테스에게 반하지 않았다면 불라는 아마도 성장이 멈쳐버린, 가슴이 죽어버린 처녀가 되었으리라. 떨리는 가슴을 안고 오레스테스의 문을 여는 불라. 하지만 그는 자리에 없다.

오레스테스의 성적(性的) 정체성을 확인한 불라의 급작스런 출발과 사랑의 슬픔. 걷잡을 수 없는 이별의 아픔이 불라를 휘감는다. 그녀는 오래도록 섧게 운다. 불라를 위로하고 안아주며 사람의 아픔을 이해해주는 오레스테스. 어린 소녀로 길을 떠났던 불라는 이제 처녀로 성장하여 마지막 관문 앞에 선다.

게르마니아, 너는 누구냐?!

짧지 않은 여로(旅路)에서 불라 남매가 도달한 국경. 하지만 그들에게는 게르마니아 행에 필요한 여권이 없다. 언제나처럼 열차에서 뛰어내리는 남매. 어두컴컴한 국경지대에 나룻배가 매어져 있다. 주저 없이 배에 오르는 남매. 어디선가 총소리가 들린다. 단 한 발의 총성! 이윽고 희뿌연 아침안개가 밀려온다.

언덕 위로 균형 잡힌 나무 한 그루 말없이 서있다. 주저하는 불라에게 태초의 탄생과 빛과 어둠을 설파하며 앞장 서는 알렉산더. 여행은 어느덧 그렇게 꼬마아이도 성장시켰다. 누나에게 이끌려 다녔던 아이가 누나를 인도하는 것이다. 나무 앞에 도착한 그들은 오래도록 나무를 부둥켜안고 놓을 줄 모른다.

〈안개 속의 풍경〉은 게르마니아도 아빠도 보여주지 않는다. 안개처럼, 김 서린 창유리처럼 혹은 오레스테스가 알렉산더에게 넘겨준 희뿌연 유리조각처럼 막연하게 풍경을 펼칠 따름이다. 그런 풍경 속을 남매는 하나의 목적을 향해 떠돈다. 그것은 아빠가 있는 게르마니아다. 게르마니아는 어디 있는가!

게르마니아는 어린아이들이 도달할 수 없을 만큼 멀다. 거기서 아빠를 찾을 가능성은 훨씬 더 적다. 진정 거기에 아빠가 있는지조차 우리는 모른다. 그것을 몰라서 불라가 길을 떠난 것은 아닐 것이다. 수용할 수 없는 지금과 여기를 벗어나도록 인도한 게르마니아. 그것은 이룰 수 없는 꿈이거나 붙잡을 수 없는 파랑새 아닐까.

글을 마치면서

기막히도록 아름다운 선율과 이해하기 어려운 인간들의 행태를 계속해서 선보이는 영화 〈안개 속의 풍경〉. 첫눈이 온다는 이유만으로 일손을 놓고 거리로 나가 화석(化石)처럼 서있는 경찰들은 뭔가?! 그들과 절연된 목석처럼 앉아 있는 여인. 목을 맨 남편

이야기를 읊조리는 그 여인의 정체는 또 무엇인가?!

바닷가에 앉아 있던 오레스테스 앞에 떠오르는 거대한 손. 불라 남매 앞에 나타난 거대한 기계장치. 석탄을 가득 실은 벤츠 상표의 완강한 트럭. 불라 삼촌이 근무하는 공장의 거대한 콘크리트 조형물. 차 한 대 지나가지 않는 밤거리의 가로등 환한 아스팔트 도로! 이 모든 것이 객석을 혼란스럽게 한다.

하지만 우리는 안다. 불라 남매가 지나간 거리의 풍경과 사람과 세상은 게르마니아로 표상(表象)된 이상에 도달하기 위한 필연적인 여정임을! 무엇 하나 생략할 수 없는 과정으로 이어진 길을 지나야만 마침내 최종지점에 도달할 수 있음을! '낙엽 같이 여행해야 하지만, 끝내는 아름드리 거목에 도달할 수 있음을!'

암살

감독 | 최동훈
주연 | 전지현, 이정재, 하정우
장르 | 액션, 드라마
연도 | 2015

재미도 있고, 싸가지도 있다?!

짧은 머리말

최동훈 감독 영화는 재미있다. 〈타짜〉(2006)에서 김혜수가 "나 이래봬도 이대 나온 여자에요!" 하고 말할 때 완전히 넘어갔다. 한국에서 이대의 의미가 영화판에서 어떻게 전복(顚覆)될 수 있는지 그는 알고 있는 것이다. 상상력으로 친다면 〈전우치〉(2009)가 윗길이다. 시공간을 자유자재로 넘나드는 장르의 특성을 십분 살린 영화니까.

〈타짜〉와 〈전우치〉로 1,300만 관객을 모은 최동훈은 〈도둑들〉(2012)로 단칼에 1,300만 고지를 넘는다. 호화 캐스팅도 화제였지만, 영화의 짜임새와 속도감, 반전(反轉)이 한국판 할리우드 영화 가능성을 보여준 덕이다. 하지만 딱 거기까지. 최동훈 영화는 재미있지만, 손에 잡히는 것이 없었다. 그런데 〈암살〉은 색다르다?!

〈암살〉의 시간

〈암살〉의 시대는 1933년에 집중된다. 그 해는 이봉창 의사와 윤봉길 의사가 거사를 일으킨 이듬해다. 이봉창 의사는 1932년 1월 8일 동경 한복판에서 일왕 히로히토에게 폭탄을 던진다. 같은 해 4월 29일 상해 홍구 공원에서 윤봉길 의사가 일제의 거두(巨頭)들에게 폭탄을 투척한다. 두 분은 모두 1932년 교수형과 총살형으로 순절(殉節)한다.

1910년 8월 29일 경술국치로부터 만 22년이 지난 시점에 펼쳐진 폭탄투척! 그것은 일제의 간담을 서늘하게 하고, 조선인들의 독립의지를 만방에 떨친 쾌거였다. 윤봉길 의사의 거사에 대해 장개석은 "중국의 100만 대군도 못한 일을 조선청년이 하다니,

윤봉길이여 길이 빛나리라"고 칭송한다. 그런데 식민지의 심장 경성은 어떠했는가?!

1920년대 말 30년대 초 경성풍경을 만문만화로 그려낸 인물이 석영 안석주다. 그의 만화에 기대어 당대 풍속도를 재조명한 서책 〈모던 뽀이, 경성을 거닐다〉에서 우리는 영화 〈암살〉의 시간을 가늠할 수 있다. 일본에서 들여온 의상, 유성기, 양키문화, 백화점 같은 신문물이 신세대를 사로잡는다. 거기서 생겨난 어휘가 모던 뽀이, 모던 껄이다.

경성에서는 우리가 기대하는 것과 정반대의 풍경이 펼쳐졌다. 모던 뽀이와 모던 껄로 표현되던 당대 청춘들의 생활상은 가히 절망적이다. 대다수 모던 뽀이와 모던 껄은 조국의 독립과 해방 같은 문제에 무관심한 채 부나방처럼 향락과 소비문화에 굴복하고 살아갔던 것이다. 하지만 만주와 중경, 상해 그리고 동경의 양상은 많이 달랐다.

〈암살〉의 공간과 인물

〈암살〉의 공간은 풍성하다. 항주에 자리한 임시정부와 상해, 암살의 거사장소 경성, 독립군의 거점 만주, 경성의 백화점에 흠뻑 묻어나는 동경. 그러니까 한반도를 사이에 두고 일본과 중국의 풍광(風光)과 사물과 인간이 경성에서 뒤얽히고 있는 것이다.

그것이 1930년대 식민지 조선인들의 일상생활과 사유의 영역이
었다.

해방과 분단으로 우리는 70년 세월 유라시아 대륙에 대한 상상
력을 완벽하게 상실했다. 우리는 250킬로미터 휴전선으로 가로
막혀 있는 섬에 사는 국민이다. 해괴한 것은 육로로 중국과 러시
아에 가지 못한다는 자명한 사실마저 잊어버렸다는 사실이다. 영
화는 '하와이 피스톨'까지 등장시키면서 우리가 망각한 상상력을
복원-확대한다.

다채로운 공간에 입체감을 더해주는 인물들이 등장한다. 임시
정부 주석 김구와 조선의용대장 김원봉 같은 실존인물과 일군의

가상인물이 그들이다. 전형적인 일제부역자 강인국과 그와 대립하는 아내, 안옥윤의 쌍둥이 동생 미츠코. 경성의 모던카페 '아네모오네'의 마담과 일본인 기둥서방. 하지만 관심을 끄는 인물은 단연코 염석진이다.

데라우치 총독을 단독으로 암살하려 했던 희대의 영웅 염석진. 그는 장편소설 주인공처럼 복잡한 내면세계를 가진 중층적인 인물이다. 〈암살〉에 염석진이 없었다면, 영화는 지금 같은 성과와 흥행을 이끌어내기 어려웠을 것이다. 이광수나 모윤숙, 안석주 같은 자들의 변절에 우리가 아쉬워하는 대목을 부분적으로 해명해주는 염석진.

염석진과 한국현대사

〈암살〉에서 우리의 흥미를 끄는 대목 가운데 하나가 '반민특위' 재판정 풍경이다. 1948년 만들어진 '반민족행위자특별조사위원회'의 약칭(略稱)이 '반민특위'다. '반민특위'를 강제로 해산하고 친일부역한 자들을 자신의 권력 기반으로 삼은 자가 김무성이 국부로 모시는 이승만이다. 재판정에 출석하여 자신의 결백을 주장하는 염석진.

허다한 '염석진들'이 실권을 장악한다. 약산 김원봉은 모진 경험을 한다.

"경찰서에 붙잡혀 가서 대표적인 악질 친일파 노덕술한테 뺨을 맞고 욕설을 들었다. 내가 조국 해방을 위해 중국에서 왜놈들과 싸울 때도 이런 수모를 당하지 않았는데, 해방된 조국에서 친일파 경찰 손에 수갑을 차고 모욕을 당했으니…. 의열단 활동을 같이 했던 유석현 집에 가서 꼬박 사흘간 울었다." (김원봉의 회고)

영화는 약산의 고통을 따스하게 어루만진다. 우리의 상식을 뛰어넘어 카타르시스를 선사하기 때문이다. 염석진 같은 일제의 주구(走狗)가 맞이해야 할 최후를 선물한다. 그래서인지 〈암살〉은 김한민의 〈최종병기 활〉(2011)을 연상시킨다.

결론을 대신하여: 〈암살〉에서 읽히는 〈최종병기 활〉

병자호란 당시 처절하게 짓밟힌 조선의 산하와 인조의 굴욕을 전혀 다른 방향으로 덧칠한 영화가 〈최종병기 활〉이다. 활 한 자루 가지고 막강한 청나라 대군을 상대한다는 것은 영웅주의이거나 천우신조(天佑神助)를 바라는 나약함과 다르지 않다. 〈최종병기 활〉은 실제역사와 무관한, 감독의 상상력이 만들어낸 완전한 희망사항이었다.

〈암살〉도 같은 노선 위에 있다. 윤봉길 의사의 거사 이후 근근이 명맥을 유지했던 독립운동, 허다한 모던 뽀이와 모던 껄의 등

장과 사회문제화, 일제에 편승한 지식인 앞잡이들과 부역자들, 이승만의 행악질로 허무하게 무너져버린 '반민특위', 온전하게 이뤄지지 못한 친일 부역자들의 단죄. 그것이 결과한 칙칙하고 어두운 한국현대사.

〈암살〉은 몇 가지 문제를 제기한다. 당신이라면 염석진이 아니라 안옥윤의 길을 가겠는가. 암담한 조국의 현실에 굴복하지 않겠는가. 민족화합이라는 명분으로 모두 용서하는 것이 옳지 않겠는가. 남북 모두에게서 버림받은 약산은 어찌 할 것인가. 정산하지 못한 100년 과거사를 어떻게 정리하여 미래로 나아가겠는가?! 이런 문제의식으로 충만한 영화가 〈암살〉이다.

2016년에 내가 본 영화

동사서독

감독 왕가위
주연 장국영, 양조위, 임청하
장르 드라마, 액션
연도 1994

기억할 것인가, 망각할 것인가

글을 시작하면서

왕가위 사랑영화에는 오래도록 여운을 남기는 빛깔과 향기가 있다. 그것이 실연(失戀)에서 오는 아픔이든(〈중경삼림〉), 엇갈린 관계의 상처든(〈동사서독〉), 배신 이후의 추억이든(〈화양연화〉), 기다림의 미학이든(〈마이 블루베리 나이츠〉), 미래에 펼쳐질 미지의 사랑이든(〈2046〉) 왕가위가 아니면 만들 수 없는 고유함이 있다.

멜로드라마 장르에서 우리가 항용 대면하는 사랑과 별리와 연관된 이미지인 칙칙함, 우울함, 끈적거림은 한여름 장마처럼 끈질긴 것이다. 한 남자와 두 여자 혹은 한 여자와 두 남자의 도식에 근거한 드라마투르기는 식상할 때도 되었다. '코메디아 델라르테 commedia dell'arte'의 아를레키노, 피에로, 콜롬비나의 무수한 변형을 생각해보시라.

그러나 왕가위 영화에서 제시되는 관계는 이탈리아 인형극에

바탕을 둔 삼각관계와 거리가 멀다. 왕가위의 인물들은 사랑 때문에 길에서 길로 떠돌지만, 진부한 판박이와 전혀 무관하다. 그의 영화에 중독된 사람이 많은 것은 그 때문인지 모른다. 〈동사서독〉은 무협의 틀을 가진 사랑 영화다. 그것도 아주 지독한 인간들의 사랑이야기다.

사랑을 기억하려는 자: 서독(西毒) 구양봉

백타산에서 나고 자란 서독 구양봉은 한 여인만 생각하며 살아간다. 그는 사막에 객잔을 차려놓고 살인청부 중개업으로 살아가는 냉혈한이다. 골치 썩이는 인간이나 꼴 보기 싫은 사람을 헐값으로 죽여주겠으니 생각해 보라고 말하는 그의 얼굴은 적잖이 능글맞다. 살수(殺手)를 고용하고 마을 사람들과 협상하는 그에게 빈틈을 찾기 어렵다.

구양봉에게는 복사꽃 필 때면 찾아오는 동사 황약사가 있다. 그들은 해마다 딱 한 번 만나서 술을 마신다. 고향을 등지고 살아온 10년 세월 서독에게 여인의 소식을 전해주는 사람이 동사다. '사랑한다!'는 말을 듣고 싶어 했던 여인에게 끝내 그 말을 하지

않은 서독 구양봉. 그를 떠나서 구양봉의 형과 결혼하여 아이를
낳은 여인이자 형수.

흥미로운 점은 구양봉의 첫사랑이자 형수도 여전히 그를 잊지
못하고 있다는 사실이다. 그런 그녀가 황약사를 통해 보내온 술
취생몽사(醉生夢死). 그것을 마시면 옛일을 잊어버리게 된다는 취
생몽사 주. 그래서일까?! 서독은 그 술을 마시지 않는다. 그에게
화답이라도 하듯 백타산의 그녀는 말한다. "갖지는 못하더라도
잊지는 말자!"고.

사랑을 망각하려는 자: 동사(東邪) 황약사

사랑을 잊어버리고 싶은 황약사는 씻기 어려운 상처가 있다.
절친한 벗의 아내 도화를 사랑한 것이다. 사랑한 후에 그는 길에
길을 떠돌고 복사꽃 필 때면 서독을 찾는다. 그가 길을 떠도는 것
처럼 아내를 버리고 길을 떠난 맹무살수도 언제나 거리에 있다.

서독이 기억을 붙들고 살아가고 있다면, 동사는 한시바삐 기억을 놓아버리고 싶다.

사랑해서는 아니 될 사람을 사랑한 고통에서 벗어나려는 황약사. 어쩌면 망각은 그에게 부여된 유일한 혈로인지 모르겠다. 여기서 모룡연 혹은 모룡언과 황약사의 엇갈리는 관계가 성립한다. 남장여자인 모룡연과 술을 먹다가 그에게 여동생이 있다면 혼인하겠다고 말하는 황약사. 그 말을 믿고 황약사를 기다리고 또 기다리는 모룡연.

하지만 동사는 이미 취생몽사 주를 마시지 않았던가?! 자신의 말을 까맣게 잊어버린 황약사. 그로 인해, 좌초된 사랑 때문에 독고 구패라는 이름으로 세상을 떠돌며 무림고수가 되는 모룡연. 사랑의 슬픔을 잊어버리려 술을 마시고, 세상을 떠돌고, 무협을 연마하는 사람들. 그토록 깊은 상처를 남기는 것이 진정 사랑이란 말인가!

남겨진 여인들: 서독의 형수와 도화

 장만옥이 연기하는 구양봉의 형수 배역은 신비롭다. 아주 단순한 이유 때문에 구양봉의 애원을 떨쳐버리는 그녀. 사랑한다는 말을 끝내 듣지 못했다는 연유로 구양봉을 놓아버리는 그녀, 사랑이 언어와 자존심으로 가능하다고 믿는 순정하고 철없는 그녀. 반면 그녀는 결혼 이후 10년이 넘도록 옛사랑 구양봉을 기억하며 한숨짓는다.

맹무살수의 처 도화는 어떠한가?! 한 마리 말에 의지하여 언어마저 상실한 듯 무표정한 도화. 느닷없는 사랑의 봇물을 견디지 못하고 한갓되이 무너져버린 도화. 남편도 떠나가고, 연인도 떠나버려 그녀는 혼자 남는다. 사랑한 것이 유일한 죄가 되어 도화는 날마다 눈이 멀어가는 남편도, 이제는 영영 떠나버린 연인도 다시 만나지 못한다.

흥미로운 사실은 도화의 애인이었던 황약사가 어느덧 서독의 옛 애인을 지극한 눈길로 바라본다는 것이다. 사랑의 상처로 도화를 떠나고 친구의 살기(殺氣)를 불러일으킨 그가 또 다른 상처를 간직한 여인을 가슴에 담는 사랑의 모순. 황약사가 취생몽사주를 마시는 까닭을 조금은 이해할 수도 있을 듯하다. 어쩔 도리 없는 것이다, 잊는 수밖에는!

사랑의 틀 밖에 있는 사람들: 홍칠과 당나귀 소녀

사막에 있는 서독의 객잔을 찾은 맹무살수는 돈을 위해 마적단과 결전을 벌인다. 햇살이 밝을 때 그는 무적이지만, 구름 속으로 태양이 숨으면 시야가 흐릿하다. 한 칼로 불귀의 객이 된 맹무살수는 더 이상 도화도 황약사도 만날 수 없다. 그런 맹무살수의 시신을 홍칠에게 보여주며 서독은 마적단의 왼손잡이 고수를 조심하라 이른다.

고향을 떠나 천하를 주유(周遊)하며 돈과 명성을 구하는 홍칠. 그에게는 고집스럽고 우악스러운 아내가 있다. 아내를 타박하지만 그녀는 혼자 귀향하려 하지 않는다. 그러던 차에 당나귀를 끌고 다니는 소녀가 동생의 복수를 청원한다. 홍칠이 얻는 대가는 달걀 하나! 그는 거절하지 않는다. 하지만 흔들리는 마음 때문에 그는 손가락을 잃고 만다.

몸을 주려는 소녀를 단호하게 거부한 홍칠은 아내를 데리고 사막을 넘어 표표히 떠나간다. 그들은 사랑의 틀 밖에 있으면서 서독에게 삶의 의미를 묻도록 인도한다. 그것은 "오래도록 사막에서 살았지만, 나는 사막을 보지 못했다!"는 구절로 압축된다. 아내와 함께 떠나가는 홍칠을 보면서 서독은 그 옛날 그렇게 떠나지 못한 자화상을 오래도록 연민한다.

글을 마치면서

백타산에서 형수가 죽었다는 전갈을 받은 구양봉은 객잔을 태워버리고 길을 떠난다. 객잔이 사라진다는 것은 거기 담긴 관계도 불길 속으로 내던져진다는 것을 뜻한다. 서독과 형수, 동사와 도화 그리고 맹무살수, 서독과 형수와 동사, 동사와 모룡연(모룡언), 당나귀 소녀와 홍칠, 그의 아내. 이런 관계가 한낱 허공중으로 스러지는 것이다.

왕가위 사단으로 일컬어지는 배우들의 표정과 목소리 하나하나가 의미를 가지되, 무협은 장식으로만 기능하는 영화 〈동사서독〉. 군청색 의상과 백옥 같은 도화의 얼굴이나, 붉은색 옷과 입술로 쓸쓸한 형수의 얼굴은 잊을 수 없는 여운을 남긴다. 붉은 사막과 파스텔로 칠해 놓은 듯 보이는 호수와 거기 비치는 그림자는 또 어떤가!

왕가위는 스타일리스트라 불린다. 그만큼 그는 자신의 영화에 고유한 색깔과 소리를 입히는 데 일가견이 있는 사람이다. 그가 만들어내는 영상과 음악은 탄성을 자아내기 충분하다. 하지만 그 것은 스타일을 위한 스타일이 아니라, 영화에 담긴 관계와 사건 을 각인하기 위함이다. 무협으로 풀어쓴 사랑영화 〈동사서독〉은 그 대표적인 형식일 것이다.

부산행

감독 연상호
주연 공유, 정유미, 마동석
장르 액션, 스릴러
연도 2016

21세기 한국사회의 민낯을 보다

글을 시작하면서

1978년생 39살짜리 신예감독 연상호가 결국 대형 사고를 쳤다. '부산 국제 영화제'에서 〈돼지의 왕〉(2011)으로 이름값을 하더니, 〈사이비〉(2013)로 '자그레브 국제 애니메이션 영화제' 대상을 수상했다. 두 작품 모두 장편 애니메이션 영화로 사회성이 강력하게 부각된 독특한 영화다. 〈마당을 나온 암탉〉 같은 유약하고 우울한 애니메이션과는 차원이 다르다.

중학교 1학년 교실에서 벌어지는 학교폭력이 어떻게 발생하여 전개되고, 종당에 어떤 결과를 야기하는지 보여주는 수작이 〈돼지의 왕〉이다. 초등시절에 고만고만했던 아이들이 육체적으로 대차가 나면서 가정환경이나 성적, 담임과 맺는 관계로 인해 크고 작은 폭력이 발생하는 중1 교실. 그 적나라한 폭력성 때문에 19금 영화로 개봉된 〈돼지의 왕〉.

〈돼지의 왕〉 이후 2년 만에 연상호가 내놓은 장편 애니메이션이 〈사이비〉다. 인간의 구원과 정신적 안정이 아닌, 현세의 기복과 탐욕을 날카롭게 그려낸 〈사이비〉는 섬뜩하다. 마치 먹이사슬 구조마냥 얽히고설킨 인간관계와 욕망의 타래가 끝도 없이 작동하는 한국사회의 단면! 연상호는 그런 지점에 장기(長技)를 가진 사회 비판적인 감독이다.

이번에 그는 애니메이션이 아닌 실사영화 〈부산행〉으로 객석을 찾아왔다. 한국영화 사상 14번째 천만관객 신화를 만들어낸 겁 없는 신예감독 연상호. 그의 날카로운 사회성과 비판의식은 〈부산행〉에서도 유감없이 발휘된다.

생명존중의 부재 혹은 결여: 구제역과 살처분

2010년 11월 28일 경북 안동에서 발생하여 전국으로 확산한 구제역. 구제역은 2011년 5월 21일까지 서울과 전남북, 제주도를 제외한 전국에서 창궐하여 살처분 비용만 3조원에 달하는 피해를 가져왔다. 구제역 청정국가 유지를 명목으로 방역당국이 늑장 대응함으로써 확산한 구제역으로 2011년 초 1조 2,000억 원의 예산이 구제역 방역에 소진되었다.

구제역을 바라보는 연상호의 문제의식은 다른 데 있다. 살아있는 생명체를 산 채로 땅에 묻는다는 것은 어떤 감정을 일으킬까?!

〈부산행〉에서 감독은 그것을 묻는다. 그도 그럴 것이 당시 살처분된 소와 돼지가 350만 마리를 넘었기 때문이다. 예방백신을 맞지 않은 소와 돼지를 비닐에 싸 생매장(生埋葬) 하는 축산 농부들의 마음을 헤아릴 수 있을까?!

한국인들의 돈을 향한 욕망 때문에 생매장돼야 했던 생명들의 처절한 절규가 지금도 환청(幻聽)처럼 들려오는 듯하다. 이런 현상과 나란히 한국사회에 사계절 가리지 않고, 밤낮 없이 일어나는 사고가 로드 킬이다. 자연 생태계를 마구잡이로 파괴한 결과를 즐기는 인간들의 행악질로 언제든 목숨을 버려야 하는 크고 작은 생명들이라니!

〈부산행〉의 문제제기는 여기서 비롯한다. 얼마나 많은 생명을

죽여야 우리는 비로소 만족할 것인가?! 하는 역설을 담은 문제제기. 더 많은 돈을 위해, 더 많은 향락과 소비와 욕망을 위한 것이라면 뭇 생명은 죽어도 그만이라는 극악한 야만성. 그런 욕망의 꿈틀거림과 비틀림 그리고 엇갈림이 〈부산행〉의 사건진행 단초로 작용한다.

욕망의 도가니와 인간군상 (1): 석우와 가족

언제부턴가 한국영화와 드라마에도 가족이 중요한 위치를 점하게 되었다. 3대가 공존하는 대가족이 해체되어 이제는 핵가족이란 말도 무색하게 된 시대상의 반영이다. 불과 한 세대 전만 하더라도 낯설었던 이혼이란 말은 '혼밥'이나 '혼술'로 치환되었다. 밥 먹듯 이혼하고, 물 먹듯 갈라서는 풍토에서 가정은 더 이상 최후의 보루나 안식처가 아니다.

석우 가족도 예외가 아니다. 이혼한 아내는 부산에 살고, 석우는 나이 든 모친에게 어린 딸 수완의 양육을 맡긴다. 그는 언제나 분주한 펀드 매니저다. 팀장으로 살아가는 그에게 개인적인 시간은 깨알만큼 작다. 그래서 그는 수안의 학예회에도 가지 못한다. 아빠가 왜 언제나 그토록 분망한지 알 길 없는 수안은 부산의 엄마를 그리워한다.

엄마의 품을 그리는 딸과 가족의 물질적 안녕을 보장해야 하는

가장(家長) 석우의 욕망이 양립불가를 선언하면서 영화는 시작한
다. 세련되고 우아해 보이는 석우의 삶은 이미 피폐하다. 회사와
고객의 이익을 최우선으로 고려해야 하는 증권사의 긴장을 체화
하고 살아가는 석우. 이윤 극대화를 위해서라면 모든 것을 던져
야 하는 악랄한 '개미핥기'.

욕망의 도가니와 인간군상 (2): 증권사와 개미핥기

김 대리는 석우의 직속부하다. 상명하복을 전제로 이루어지는
그들 관계는 수직적 위계질서의 정화다. 무리한 결정이라 하더라
도 상부에서 내려온 지시라면 반드시 따라야 한다. 이런 점에서
는 석우도 예외가 아니다. 한편으로는 고객의 수익을 올려야 하
고, 다른 한편에서는 증권사의 이익을 위해 헌신해야 한다. 그래
야 생존을 위한 돈이 나온다.

좀비들이 득시글거리는 열차 안에서 석우가 대면한 근육질 인
간 상화가 내뱉는 말이 인상적이다. "개미핥기구먼!" 주식시장에

서 푼돈을 가지고 성공을 꿈꾸는 인충(人蟲)을 일컫는 용어가 개미 아닌가. 그런 개미를 길고 끈끈한 혀로 단숨에 핥아버리는 괴물이 개미핥기다. 펀드 매니저 석우를 규정하는 최적의 용어가 아닐 수 없다.

흥미로운 점은 어린 수안이 그 말을 이내 수용하고 수긍한다는 사실이다. 삼척동자도 훤히 꿰뚫고 있는 본질이 드러난다. 개미들은 반드시 잃게 되어 있다는 자명한 사실. 그것을 알고도 무작정 덤벼드는 개미들의 행렬은 오늘도 멈추지 않는다. 욕망은 근원을 알 수도 없지만, 설령 안다 하더라도 그 뿌리를 완전히 제거할 수 없다.

〈부산행〉이 사회 비판적이란 점은 영화 첫머리에서도 마지막에서도 확연히 드러난다. 관객은 어째서 수많은 좀비들이 탄생했는지를 끝에 가서야 확인한다. 그것은 음험한 늪처럼 끈적거리는 욕망의 극대화에서 시작된다. 증권사의 작전으로 성장하여 성공 신화를 꿈꾸는 바이오 회사의 끝 모를 욕망의 끝이 탄생시킨 괴물 바이러스.

욕망의 도가니와 인간군상 (3): 용석과 초로의 자매

〈부산행〉이 흥미로운 것은 예기치 못한 인물들의 돌출행동이 객석의 기대치를 수직 상승시키기 때문이다. 매우 불량하고 더러

우며 불길해 보이는 노숙자나, 희화적으로 그려지는 초로의 자매
가 보여주는 행태는 예측 불가능한 상황을 잉태한다. 그것은 예
정된 시각과 장소를 지키지 못하고 떠도는 열차의 갈지자 행보와
궤를 같이 한다.

극단적이고 이기적인 인물로 그려지는 용석은 범용한 인간들
의 내면에 똬리를 틀고 있는 사악함의 전형을 보여준다. 살고자
하는 그의 욕망을 제어할 수 있는 것은 아무것도 없는 성싶다. 어
떤 일이 있더라도 그는 유일한 피난처이자 출구인 부산에 도달하
고 싶어 한다. 삶을 향해 몸부림치는 그의 욕망에 누가 돌팔매질
을 할 수 있을 것인가!

문제는 용석의 선동에 속절없이 무너지는 군중의 나약함이다.

좀비들의 무리를 뚫고 건너온 투사들의 통로를 필사적으로 막는 장면은 압권이다. 우리의 생존을 위해서라면 어떤 무도한 선택도 용납될 수 있다는 자세. '사드'를 둘러싼 냄비돌리기가 성행하는 이 나라의 현실이 데자뷔(기시감)처럼 다가오는 서늘한 장면이 아닐 수 없다.

희망을 찾아서: 형제애는 살아있다?!

그럼에도 〈부산행〉은 희망적이다. 수안이 부르다만 노래 〈알로하오에〉가 종국에 맑게 울려 퍼지는 장면은 그럴 듯하다. (하지만 우리는 왜 그들이 평화로워 보이는 마을을 뒤로 하고 깊고 어둔 터널로 들어가는지 그 이유를 끝내 알지 못한다!) 사랑하는 사람과 작별해야 하는 아픔을 서정적으로 드러낸 하와이의 노래 〈알로하오에〉.

그 상실과 고통의 이면(裏面)에 자리하는 반대급부가 손에 잡힐 듯 그려진다. 〈부산행〉에서 연상호는 부정적이고 탐욕스러우며 이기적인 인간들만 제시하는 것은 아니다. 야구부 고등학생들의 천진난만함과 따사로운 우정과 사랑은 그들 나이처럼 상큼하다. 만삭의 몸으로도 형제애를 구현하는 성경 역시 아름답기 그지없다.

잃어야 얻고, 주먹을 펴야 무엇인가를 붙잡을 수 있다. 욕망하는 것을 버릴 때, 진정 사랑하는 것을 던질 때 우리는 전진할 수 있다.

혼란의 극에 치달아 지옥 같은 거기서 다른 희망의 빛과 대면 가능하다는 점이 〈부산행〉의 전갈이자 대중동원의 원동력일 것이다.

　텔레비전 뉴스로 생중계되는 폭도들의 봉기와 군경의 진압장면은 1980년 서울의 봄과 얼마나 닮았는지, 가슴 시렸다. 그 인고의 세월을 지나 우리는 여기까지 왔다. 불의에 항거한 시민들을 폭도로 몰아 대량 학살한 자들의 권력! 그것에 기댄 패거리 정치의 부패와 무능과 타락으로 점철된 기득권 집단의 볼염치가 '쏙동진압'이란 명분으로 화면을 가득 채울 때 눈시울 뜨거웠다. 그 모든 것을 단번에 날려버릴 희망과 연대의 깃발을 꿈꾼다.

오발탄

감독 유현목
주연 김진규, 최무룡
장르 드라마
연도 1961

1960년대, 그들은 어떻게 살았는가

글을 시작하면서

옛일을 돌이킴은 대개 우울하거나 쓸쓸한 일이다. 화사하고 빛나는 날들의 회고(回顧)가 한줄기 빛처럼 환하기도 하지만, 빛바랜 추억의 자태가 회한을 자아내기 십상이기 때문이다. 그럼에도 묵연(默然)히 지난날을 반추함은 거기 담긴 시공간과 인과율을 더듬어 오늘을 헤아릴 요량일 터. 과거에는 현재를 구성하는 연기(緣起)의 근본이 담겨 있는 때문이다.

1959년 출간된 이범선(1920~1982)의 단편소설 〈오발탄〉을 동명(同名) 영화로 만든 이는 당대제일의 감독 유현목(1925~2009)이었다. 두 사람 모두 월남자(越南者)로 이범선은 평안도 신안주 출신이고, 유현목은 황해도 사리원이 고향이다. 약빠른 독자는 짐작하고 있겠지만, 〈오발탄〉은 고향을 버리고 월남한 가족의 이야기를 담고 있다.

1961년 4월 개봉된 〈오발탄〉은 관객들의 호응을 받지 못했으며, 곧이어 들어선 군사정권은 영화 상영을 금지한다. 심각한 사회문제를 가감 없이 그려낸 감독의 문제의식에 반감을 가진 때문이었다. 그러다가 〈오발탄〉은 1963년 샌프란시스코 영화제에 출품됨으로써 한숨을 돌리게 된다. 오늘날 우리가 보는 필름은 영화제 출품작을 손본 것이다.

확장된 인간관계

원작 소설에서 우리는 여섯 명의 가족을 만난다. 가장인 철호와 아내, 다섯 살배기 딸, 실성한 노모, 남동생 영호와 여동생 명숙이다. 그런데 유현목은 여기에 신문팔이로 고학하는 막내 민호를 등장시킨다. 민호의 동선은 영호와 근접하며, 그들 사이의 갈등과 대화는 전체사건의 흐름과 아무 연관도 갖지 못한다. 민호는 빈곤을 강조하는 소품에 지나지 않는다.

감독은 여기 멈추지 않고 영호와 명숙을 둘러싼 인간관계 확장을 시도한다. 그것은 소설에 부재하는 멜로드라마의 요소를 강화함으로써 객석의 흥미고양을 목적한다. 예컨대 영호는 영화배우 미리와 연인관계지만, 군복무 중 알게 된 간호사 설희와도 관계한다. 또한 영호의 친구이자 상이용사인 경식은 명숙과 장래를 약속한 사이다.

여기 추가되는 것이 설희를 애면글면 사랑하는 무명의 열렬 시인이다. 그는 시도 때도 없이 설희 집을 찾아오며 한 맺힌 얼굴과 원망어린 눈빛으로 설희와 영호를 직시한다. 인과성도 설득력도 없는 영호의 이중적인 삼각관계는 원작 〈오발탄〉의 의도상실을 결과한다. 그것은 가난에 찌든 철호 일가의 반듯한 입성처럼 관객의 몰입 가능성을 저하시킨다.

영호와 소영웅주의

제대한 이후 2년 넘도록 실직상태인 영호는 아직도 새파랗게 기가 살아있다. 무일푼이지만 그는 카페에서 친구들과 만나고,

거기서 술과 양담배와 치기어린 담화로 자위(自慰)한다. 그는 언제나 자신만만하며, 때로는 폭력적이기도 하다. 막내 동생 민호가 돌리는 신문을 발기발기 찢어버리는 영호의 가학성은 민호의 닭똥 같은 눈물과 대립한다.

그는 친구들을 인솔하는 보스 격이며, 영화의 사변적(思辨的)인 성격을 완수하는 인물이다. 양심, 윤리, 관습, 법률 같은 덕목이나 가치를 파기하고자 하는 그는 열에 들뜬 철부지이기도 하다. 영호는 미리가 제안한 영화의 주연배우 자리마저 거부한다. 뱃속에 박힌 총탄을 그런 일자리에 팔아먹을 수 없다는 도저한 자존심의 소유자 영호.

하지만 그에게는 현재의 절박한 가난이나, 미리와 함께할 미래를 준비할 수 있는 어떤 방도도 없다. 도무지 얻을 수도 꿈꿀 수도 없는 거액을 위해 그는 거사를 준비한다. 설희와 영호의 관계는 이런 음모를 위한 예비 작업으로 드러난다. 흥미로운 점은 영호의 행동이 불러오는 신파적인 결말이다. 경찰차에 동승하여 자수를 권고하는 미리를 떠올리시라!

양공주 명숙과 실성한 모친

명숙은 대체 무슨 이유로 양공주가 되었을까, 생각한다. 경식의 오랜 애인이자, 소박한 결혼의 꿈을 가진 여인 명숙. 그녀는

경식에게 말한다. "정안수 떠 놓고 오늘이라도 결혼해요!" 이토록 순박한 여인 명숙이 창녀의 길을 걸어야 하는 이유를 감독은 말해주지 않는다. 우리는 그저 영호의 넋두리를 통해서 그녀가 창녀가 되었음을 확인할 따름이다.

사랑하는 남자를 기다리다 지쳐 홧김에 몸을 팔게 되었는지, 아니면 빈곤한 살림살이를 돕기 위한 것인지는 오롯 관객의 판단 몫이다. 이런 명숙과 나란히 자리하는 모친.

그녀는 언제나처럼 "가자, 가자!" 하고 외친다. 처음부터 끝까지 그녀가 내뱉는 대사는 그것뿐이다. 어디로 어떻게 왜 가자고 외치는지 알기란 어려운 일이다. 감독은 이 장면에서 침묵한다. 하기야 제한된 시공간을 활용하는 예술매체로서 영화의 제약은 이해 가능하다. 그렇지만 〈오발탄〉의 출발점이 본디 월남이었음을 상기하지 않을 수 없다.

철호의 과부하와 중력상실

영화 〈오발탄〉은 영호의 종횡무진 활약상으로 사건진행 과정에서 주인공 자리가 철호에서 영호로 급속도로 이동한다. 아마도

이것이 원작과 영화의 큰 차이점일 것이다. 멜로드라마의 주인공이자 소영웅주의에 사로잡힌 사상가이자 행동가 영호의 존재부각은 압권이다. 이에 비해서 소설의 주인공 철호의 존재는 미미하기 짝이 없다.

아주 작은 회사의 서기이자 계리사(計理士)로 일하면서 온갖 궁핍과 궁상을 연출하는 철호. 나일론 양말 한 켤레 사지 못해 언제나 구멍 난 무명양말을 신고 다니는 철호. 치통으로 고통 받으면서도 치료하지 못하는 철호. 점심을 굶고 보리차로 속을 달래는 철호. 전차요금이 없어서 곧잘 걸어 다녀야 하는 곤궁한 가장 철호.

하지만 영화 끄트머리 10여 분은 철호의 시공간으로 도배된다. 영호의 권총강도 행각과 검거, 아내의 난산과 사망, 어금니 두 개의 발치에 따른 대량출혈을 확인하고 몸소 경험하는 철호. 갈 곳 없이 방황하는 택시 승객이 된 그를 운전수는 급기야 '오발탄'이 라 부른다. 이 지점에서야 철호에게 부여되는 주인공의 하중은 지나치게 무거워 보인다.

이런 연유로 그의 독백은 인생의 낙오자가 내뱉는 허무한 넋두 리처럼 들린다.

"아들구실, 남편구실, 애비구실, 형구실, 오빠구실, 계리사 사무 실 서기구실, 해야 할 구실이 너무 많구나. 네 말대로 난 조물주의 오발탄일지도 모른다. 정말 갈 곳을 알 수 없다." 그럼에도 그는 실성한 노모처럼 외친다. "가자, 가자!" 그렇게 택시는 밤길을 질 주한다.

영화에 그려진 1960년대 풍속도

유현목의 영화 〈오발탄〉은 우리의 지난날을 맨살 그대로 보여 준다. 서울거리에 넘쳐났던 그 많은 '스탠드빠'와 철호가 들어간 설렁탕집 식단은 정겹기까지 하다. 맞춤법마저 다른 '기계국수, 복끔국수, 계란딥밥'. 택시에 조수가 운전시 옆자리에 동승하여 행선지를 묻고 요금을 계산하는 60년대 풍경은 또 얼마나 새롭고 흥미로운가?!

해방촌 미군기지 부근에 자리한 '스탠드빠'를 중심으로 부나비처럼 떠돌던 허다한 양공주들의 흐느적거리는 몸짓은 적잖게 우울하다. 사건사고를 신속하게 알려주던 신문호외를 배달하던 그 많던 소년들은 어디로 갔을까! 잘못 발사된 탄환, 오발탄처럼 지난 세기 60년대를 이리저리 부유(浮遊)했을 수많은 '철호들'은 지금 어디서 무엇을 하고 있는가?!

영화 〈오발탄〉은 아쉽다. 이범선은 찢어지게 가난했던 질곡의 1950~60년대를 적나라하게 그려낸다. 독자는 그들이 얼마나 가난하고 희망이 없으며, 출구 없는 인생을 살아야 하는지 잘 안다. 그러나 유현목은 소설 속의 등잔 대신 백열전구를 보여주고, 짝짝이로 꿰매진 아내의 남루한 바지나 철호 와이셔츠를 잘라만든 딸의 치마를 가려버린다. 명숙의 뚫린 스타킹을 보고 그녀와 화해하려는 철호의 내면풍경을 헤아리지 못한다. 이런 것이 마음에 걸린다.

그렇게 우리는 가난과 우울과 슬픔이 교차하는 60년대를 건너왔다. 하지만 사랑 하나에 목숨을 걸고 동반자살까지 꾀하는 맹목과 충동의 시인이 거리를 떠돌고, 의리와 순정을 중시했던 60년대였다. 21세기 물질적 풍요가 불러일으키는 현란하고 요란한 행복과 만족의 착시(錯視)는 비단 나만의 생각인지, 그것이 궁금한 시각이다. 그러하되, 가자, 가자!!

서편제

감독 | 임권택
주연 | 김명곤, 오정해, 김규철
장르 | 드라마
연도 | 1993

단아한 소설과 잉여의 영화

글을 시작하면서

잘 알려진 원작소설을 영화로 만드는 일은 만만찮은 도전이다. 익숙한 줄거리를 뼈대로 진행되는 이야기는 감독에게 진부함의 두려움을 선사하기 때문이다. 그러기에 빼어난 각색자나 영화감독은 원작에 자신만의 칼질을 시도한다. 있는 그대로의 날 것이 아니라, 새로운 시각과 주제설정에 근거한 신작영화를 만들고자 하는 것이다.

셰익스피어의 〈햄릿〉과 〈맥베스〉, 오스틴의 〈오만과 편견〉, 하디의 〈비운의 주드〉, 위고의 〈레미제라블〉이 그렇게 영화로 다시 태어났다. 한국 관객에게 친근한 고전소설 〈춘향전〉노 여전히 다채롭게 재해석되고 있다. 중국고전의 대명사 〈삼국지〉 가운데 '적벽대전'을 영화로 만든 오우삼 감독의 통찰력 역시 고전의 재해석에 기초한다.

이청준의 단편소설 〈서편제〉(1976)를 원작으로 한 영화 〈서편제〉가 어떤 가능성을 제시하는지 궁금하다. 소설가는 영화와 소설원작이 다른 터에 기초하고 있음에 동의하지만, 양자의 대차대조표 작성은 후학을 위해서도 필요할 터. 짧은 이야기를 장편영화로 재탄생시킴은 어찌됐든 적잖은 내공과 재능을 전제로 함은 새삼 두말할 나위도 없다.

시간과 공간

1960년대 초로 설정돼 있는 영화의 시간은 구체적이지 않다. 시골장날에 소리꾼과 환쟁이, 유랑 악극단이 목에 풀칠하는 장면으로 시간은 그려진다. 소설의 시간이 1941~2년, 1956~7년 그리고 1975년의 세 층위로 구성돼 있는 것과 대조적이다. 명확한 시간대 설정으로 소설가는 한국 근현대의 풍경 가운데 하나를 구체화하고자 한다.

소설은 대동아전쟁 시기의 사내아이와 엄마(동호와 금산댁), 6·25 동란 이후의 소리꾼 부녀(유봉과 송화), 그리고 1970년대 중반의 동호를 말한다. 한 세대를 온전히 뛰어넘는 시간에 기초한 단편소설은 흔치 않다. 그것은 세대를 초월하는 인과율이거나 인연설 내지 연기(緣起)의 근간을 소리로 풀어내려는 작가의 염원에서 발원하는지도 모른다.

소설 〈서편제〉의 공간은 보성의 소릿재 주막에 초점이 맞춰져 있다. 서편제는 섬진강 서쪽의 광주–보성–나주–담양을 근거지로 하며, 동편제는 섬진강 동편의 남원–순창–구례–곡성이 근거지다. 따라서 소설의 주인공이 떠도는 공간 역시 서편제 가락이 울리는 지역에 국한됨을 미루어 짐작할 수 있다. 그러나 영화의 공간은 시간처럼 특정하지 않다.

관객에게 알려진 공간은 보성과 영광 두 군데 뿐이다. 동호가 주모에게 소리를 청하는 첫 번째 장면은 보성이며, 그가 송화와 대면하는 곳은 영광이다. 따라서 우리는 동호가 얼마나 많은 공간을 떠돌면서 송화와 의붓아비 유봉을 찾아다녔는지 그저 가늠할 뿐이다. 확장된 공간은 객석의 상상력을 넓히지만 동시에 공간의 확고한 중심을 상실케 한다.

스러지고 사라지는 사람들

유봉은 전도유망한 청년 가객이었으나, 사부와 불화하고 낙향한 떠돌이 소리꾼이다. 남도를 떠돌던 그는 과부 금산댁과 가정을 이루지만, 그녀는 출산하다 목숨을 잃는다. 그에게는 송화라는 의붓딸이 있는데, 금산댁의 피붙이 동호보다 대여섯 연상이

다. 유봉은 자신과 전혀 무관한 두 아이를 데리고 소리로 품을 팔며 남도를 유랑하기 시작한다.

서울에 있는 유봉의 친구들은 〈춘향전〉 공연을 위해 내려왔다가 그와 술자리에서 어울린다. 임권택 감독의 영화들이 그러하듯 〈서편제〉에서도 축제는 난장(亂場)으로 끝난다. 서로가 생채기를 내고 할퀴고 쥐어뜯는 한 많은 인생살. 여기서 유봉이 보여주는 것은 도도한 자부심과 자존심이다. 내가 최고라는 의식에 기대서 살아가는 유봉.

유봉의 평생지기 낙산거사는 무명(無名)의 환쟁이다. 그는 장터에 물감을 벌여놓고 사람들의 이름자에 맞는 그림을 그려주며 생계를 잇는다. 1960년대에서나 가능한 풍경이다. 남도 곳곳을 떠돌다가 우연히 동호를 만나 유봉과 송화의 아프고 고단한 삶의 행장(行狀)을 알려주는 이도 낙산거사다. 그는 영화 〈서편제〉의 중요한 화자(話者)이기도 하다.

판소리 〈춘향가〉의 이몽룡 배역을 하는 송도상은 낙산거사처럼 영화가 새로 끌어들인 인물이다. 거지같은 유봉의 남루한 행색을 질타(叱咤)하면서 서울행을 권하는 도상이지만, 그 역시 종당에는 아편쟁이로 전락하고 만다. 영화는 그렇게 하나둘씩 사라지고 무너지면서 우리 곁을 떠나간 1960년대의 세태를 쓸쓸하게 재연(再演)한다.

로드무비

소설 〈서편제〉의 처음과 끝은 아귀가 제대로 맞는다. 사내가 찾아다니는 소리꾼 여인과 사내의 관계가 암시되지만, 말미에서야 관계가 비로소 확연해지는 탓이다. 그것은 또 다른 이야기를 촉발시키는 출발점이다. 하지만 영화 〈서편제〉는 자체로 완결된 결말을 보여준다. 동호가 찾아다니는 누나 송화의 지금과 여기를 한사코 보여주고 싶어 한다.

이런 까닭에 영화는 로드무비의 성격을 가진다. 송화가 밟았던 삶의 고달픈 내력을 수사관처럼 뒤쫓는 동호. 술집에서 색주가(色酒家)로 다시 주막으로 떠돌았던 송화의 흔적을 그림자처럼 찾아다니는 동호. 그럼에도 영화는 그가 추적하는 송화의 길을 낱낱이 보여주지 않는다. 스치듯 전해지는 송화의 단편적인 삶과 사연만이 간간이 들린다.

영화 〈서편제〉가 드러내는 남도풍광은 세 가객이 떠돌며 만나는 사계(四季)에 들어있다. 초록의 봄날들판과 흐드러진 여름한낮의 정경, 억새풀 흩날리는 가을의 서정과 백설로 빼곡한 겨울의 정한이 영화에 가득하다. 가족 아닌 가족 소리꾼 세 사람은 닿을 듯 말 듯 살의 인연에 기대서 그렇게 남도를 유랑한다. 이토록 헐 거운 로드무비라니?!

무엇을 보여주려 하는가

청상(靑孀)이라 해도 좋을 여인이 길을 간다. 앳된 계집 아이 앞장서서 줄을 인도하고, 그 줄에 의지하여 여인은 길을 간다. 단가(短歌) 〈이산저 산〉에 그려진 것처럼 '월백설백천지백(月白雪白天地白)'의 길을 간 다. 왼편으로는 작은 개천이요, 달구지 하나 지나갈 법한 좁은 길 을 위태롭게 걸어간다. 저 길을 걸어야 하는 여인의 속사정은 무 엇인가?!

눈먼 여인 앞에 앉은 사내가 소리를 청한다. 그는 능숙하게 북 채를 잡는다. 이윽고 방 안 가득 울려 퍼지는 〈심청가〉. 혹은 애틋 하고 혹은 유장하게, 혹은 잡아챌 듯 강렬하고, 혹은 달래듯 구슬픈 여인의 소리. 소리를 따르되 소리를 끌어가는 사내의 북장단이 시나브로 멈춘다. 사내의 그윽한 눈길과 눈먼 여인의 눈길이 허공에서 만난다.

늙은 사내가 천식 기침으로 괴로워한다. 기침이 잠시 멎은 사이 사내는 눈먼 여인에게 묻는다. "너의 눈을 멀게 한 것이 나였음을 알고 있었느냐? 그렇다면 이미 나를 용서한 것이더냐?!" 그렇게 사내는 묻는다. 말없이 고개를 주억거리는 여인. 죽어가는 사내가 이윽고 내뱉는 최후의 말은 '한(恨)'의 축적과 극복에 대한 것이다.

한이 한으로 남으면 그저 원한에 사무친 소리로만 남을 것으로 되, 그 한을 넘어서야 비로소 진정한 소리에 도달할 것이라는 얘기. 영화 〈서편제〉의 한은 실패한 낙오자의 한, 유봉에게 어미를 빼앗기고 가난과 설움에 절은 동호의 한, 느닷없이 천지광명을 상실한 눈먼 송화의 한. 그들 모두의 한을 노래로 승화시키는 소리의 내력을 보여준다.

결론을 대신하여: 남는 문제들

영화는 낙산거사와 송도상 그리고 송화를 거둔 천가에 이르기까지 여럿의 인물을 덧댄다. 그리하여 관계는 다채로워졌으되, 그들 관계는 느슨하고 일회적이어서 인물들의 내밀한 심사(心思)

가 문득 소홀하다. 동호와 유봉이 불화하는 원인과 동호의 궁극적인 가출이 순간적인 일탈로 묘사됨으로써 객석의 설득력을 얻는데 어려움을 겪는다.

악극단이나 서커스의 등장으로 판소리가 설 자리를 상실했다는 설정은 무리가 있다. 세상의 모든 예술형식은 생성-발전-변화-소멸의 단계를 거치는 것이 필연이기 때문이다. 생성의 궁극은 소멸에 있으며, 소멸은 생성의 원인인 까닭이다. 판소리 부흥과 융성을 주장하는 유봉의 목소리가 공허한 메아리처럼 들리는 것은 그런 연유(緣由)다.

음악영화로도 읽히는 〈서편제〉의 소리는 〈춘향가〉에서 시작하여 〈진도아리랑〉과 〈이산저산〉을 거쳐 판소리 〈심청가〉로 끝난다. 남녀의 사랑과 인연, 별리(別離)의 아픔과 세상살이의 고통, 속절없이 무너지는 청춘과 불가피한 죽음, 부녀의 기묘한 인연과 눈먼 자의 해원상생. 아마도 이런 틀로 영화의 각색을 맡은 김명곤은 영화전체의 틀을 짜려고 한 것 같다.

소리꾼을 천대하는 시대풍토와 생활고에도 전통을 지키려는 유봉의 의지가 보태진다. 궁극의 소리를 지향하는 유봉은 서편제와 동편제까지 초월하고자 한다. 한을 품되 한을 극복하고, 소리를 하되 구별을 넘으려는 소리꾼. 이런 것들이 넘쳐나는 영화 〈서편제〉는 소설의 단아함을 이기지 못한 채 관계와 서사의 과잉(過剰)으로 우울하게 남아있다.

바냐 외삼촌

감독	안드레이 콘찰로프스키
주연	세르게이 본다르처크
장르	드라마
연도	1970

유폐된 자들의 출구 없는 운명

글을 시작하면서

안톤 체호프의 희곡 〈바냐 외삼촌〉을 원작으로 둔 영화 〈바냐 외삼촌〉은 1970년 안드레이 콘찰로프스키 감독이 연출했다. 1961년 〈소년과 비둘기〉를 시작으로 영화인생을 시작한 그는 1969년 이반 투르게네프의 장편소설 〈귀족의 둥지〉를 영화로 만들었다. 콘찰로프스키의 국제적인 명성은 아마도 1991년 〈이너 서클〉로 확립되었을 것이다.

60여 년 지속된 소련 사회주의 몰락과 더불어 시작된 과거 지우기의 대열에 합류한 영화 〈이너 서클〉. 철권통치와 피의 숙청 그리고 개인 우상화의 대명사 스탈린을 둘러싸고 진행되는 〈이너 서클〉. 1939년 제2차 세계대전 직전부터 1953년 스탈린 사후에 이르는 기간 이반이 경험하는 내부자의 세계를 촘촘하게 그려낸 영화가 〈이너 서클〉이다.

콘찰로프스키는 2002년 〈바보들의 집〉으로 베네치아 영화제 심사위원 특별상, 2014년 〈우편배달부의 백야〉, 2016년 〈낙원〉으로 베네치아 영화제 감독상을 수상한다. 그럼에도 그는 한국 관객에게는 낯설다. 〈전함 포템킨〉의 세르게이 에이젠슈테인과 〈희생〉의 안드레이 타르코프스키, 〈인간의 운명〉의 세르게이 본다르추크 등이 그나마 알려진 러시아 감독들이다.

엇갈린 사랑 이야기

26개의 방이 딸린 대저택 영지의 붙박이는 바냐와 소냐, 마리야 바실리예브나와 유모 마리나, 식객 텔레긴이 전부다. 원작 희곡에서 기차 경적소리마저 들리지 않는 황량한 러시아 오지로 설정된 공간은 외부세계와 격절돼 있다. 그곳의 반가운 손님은 38세의 의사 아스트로프. 그는 지난 10년 동안 자신이 아주 딴 사람, 속물이 되어버렸다고 유모에게 말한다.

그런 차폐(遮蔽)된 오지에 은퇴한 교수 세레브랴코프 내외가 찾아온다. 그들로 인해 붙박이들과 아스트로프의 삶에 균열이 생겨난다. 노동하는 일상에 익숙했던 바냐와 소냐가 일손을 놓고 허우

적거리고, 아스트로프는 특별한 일도 없는데 영지를 떠나지 못한다. 그들을 얽히고설키게 만드는 장본인은 27세의 미인 엘레나 안드레예브나.

지난 25년 세월 매제 세레브랴코프에게 헌신한 바냐는 환상처럼 엘레나를 추적한다. 언젠가 그녀와 결혼할 수도 있었지만, 오로지 매제를 위한 노동에 청춘을 바친 바냐. 그녀는 사막의 신기루처럼 그의 눈길을 사로잡는다. 하지만 엘레나는 근친상간의 요소 때문에, 결혼한 여인의 정숙성을 위해서, 아스트로프의 매력 탓에 바냐에게 거리를 둔다.

"사람은 외모도 영혼도 옷차림도 모두 아름다워야 한다!"고 말하는 아스트로프. 그는 멀리서 반짝이는 등불(ogon' ka)을 찾으면서 남몰래 엘레나를 연모한다. 그 자신이 하늘의 별임에도 등불을 찾는 허망한 인간 아스트로프. 그런 아스트로프를 6년 넘도록 사랑해온 소냐. 그녀 말처럼 그녀는 아름답지 않다. 아무런 보상도 받지 못하는 소냐의 연모.

유폐된 사람들의 이야기

〈바냐 외삼촌〉의 인물들은 하나같이 갇혀서 살아간다. 바냐의 모친 마리야 바실리예브나는 여성해방 책자와 브로슈어에 갇혀 있다. 아무짝에도 쓸모없어 보이는 책자에 매달려 무위도식하는 그녀의 일상은 체호프의 소설 〈약혼자〉(1903)에 등장하는 나쟈의 모친과 할머니를 빼닮았다. 세레브랴코프의 명성에 짓눌린 그녀는 '세레브랴코프쉬나'의 선봉장이기도 하다.

세레브랴코프는 말 그대로 '은메달 교수'다. 바냐가 말하는 것처럼 완전히 무능하거나 남의 자리를 차지한 인물은 아니지만, 그럼에도 그는 일류는 아니다. 그는 통풍(痛風)과 류머티즘 같은 각종 질환에 갇혀 살아간다. 온갖 푸념과 넋두리, 노년에 대한 하소연과 노동해야 한다는 얼빠진 설교가 그를 더욱 고절(枯折)하게 만든다.

엘레나의 무위와 나태는 권태와 우울로 현현(顯現)한다. 그녀는 타고난 아름다움과 지식에 대한 열망으로 세레브랴코프와 결혼한 감상적이고 낭만적인 여인이기도 하다. 하지만 이름에 내재된 것처럼 그녀로 인한 관계의 파탄이 예정돼 있기도 하다. 노동과 인간관계와 자연으로부터 격리된 채 혼자만의 세계에서 남은 생을 영위해야 하는 엘레나.

영화는 몰락한 지주이자 식객인 텔레긴에게 주목하지 않는다. 하지만 그는 바냐의 저급한 분신이자 미래상이다. 결혼 첫날 달아난 아내와 그녀가 낳은 남의 딸들을 위해 평생 생활비를 보내주는 인간. 그럼에도 자부심은 남았다고 주장하는 얼간이. 자신을 위한 시간과 공간 그리고 인생을 살지 못한 채 스러진 인간 텔레긴 역시 스스로에게 유폐돼 있다.

누가 가장 슬프고 절망적인가

바냐 외삼촌 옆에 앉아서 일하던 소녀가 잠시 고개를 떨구더니 자리에서 일어난다. 서둘러 밖으로 나가는 소녀. 이윽고 "가셨어요!" 하면서 돌아와 자리에 앉는 소녀. 그녀의 높고 너른 이마가 쓸쓸하게 빛난다. 아무것도 보지 않으면서 모든 것을 담은 것처럼 보이는 소녀의 두 눈. 허망함과 망연자실, 상실과 허탈, 비탄과 절망을 절절하게 표출하는 눈빛!

바냐가 주판을 놓는다. 하지만 언제부턴가 그의 손짓과 수치는 반복된다. 멈칫거리다가 이윽고 정지하는 손길. 그의 손에 소녀의 손이 얹힌다. 아무런 희망의 빛도 미래에 대한 기대도 없이 허공에 정지된 그의 얼굴과 눈길. 지난 25년 세월처럼 앞으로 남은 죽음의 그날까지 무의미한 노동에 육신과 영혼을 소모해야 하는 가혹한 인생살이.

죽을 때까지 보드카를 마시지 않겠다고 소녀에게 맹세했던 아스트로프. 그는 유모가 가져온 보드카를 단숨에 마신다, 안주도 없이. 언제 다시 이곳에 올 것인지 기약도 없는 이별을 앞에 두고 그는 아프리카 지도를 본다. 아무 의미 없이 걸려있는 아프리카 지도는 황량한 오지에 홀로 떨어진 사내 아스트로프의 인생을 은유하는지도 모른다.

영화의 음향효과

온갖 통증으로 밤중에도 괴로운 세레브랴코프를 간호하는 소냐. 그들의 대화가 들리는 곳에서 잠을 깨는 바냐. 요란한 종소리와 벽시계의 찰칵거리는 소리가 그의 신경을 자꾸만 긁어댄다. 육신이 아픈 인간과 정신이 고통스러운 인간의 대비를 음향으로 잡아내는 콘찰로프스키. 내적 고통으로 넘쳐나는 바냐의 피아노 연주 역시 같은 맥락으로 읽힌다.

그런데 음향효과의 백미는 영화 첫머리에 나온다. 세레브랴코프를 둘러싸고 바냐와 모친의 말다툼을 소냐가 중재한다. 잠시 어색한 침묵이 흐르고, 엘레나가 날씨 얘기를 꺼낸다. 다시 침묵이 흐르고 밖에서 유모가 소리 내서 닭을 부른다. 그때 바냐가 말한다. "목매 죽기 딱 좋은 날씨죠!" 다시 흐르는 침묵. 그때 텔레긴이 기타를 연주하기 시작한다.

언어도단을 웅변하는 이 장면에서 인간과 인간의 격의 없는 유대관계는 실종된다. 그 심연을 채워 넣는 것은 대화가 아니라 소리다. 이런 소리는 당구대에 떨어지는 빗물을 받아내는 술잔에서도 찾을 수 있다. 광풍과 함께 몰려온 소낙비로 지붕에서 새는 물방울이 유리잔에 부딪치면서 내는 차가운 파찰음은 인물들의 엇갈린 내면세계를 드러내는 기제다.

영화의 마지막을 장식하는 것도 역시 소리다. 소냐는 슬픔과 절망을 억누르면서 바냐를 달랜다. 그녀가 말하는 죽음 이후의 빛나는 세계, 금강석이 깔린 하늘과 하느님의 가호, 마침내 쉬게 될 저승의 안녕과 평온. 그들 옆에서 마리나가 양말을 짠다. 마리야 바실리예브나는 예의 담배를 피우며 여성해방 책자를 읽는다. 이때 들려오는 텔레긴의 기타소리. 그들의 유폐되고 무의미한 일상이 완전히 복원되었음을 알려주는 나지막한 기타연주!

원작에는 없고 영화에만 있는 (1)

바냐와 세레브랴코프 사이의 일장활극이 끝나고 난 다음 교수내외는 6시간도 안 돼서 영지를 떠난다. 어디로 어떻게 떠나는지 감독은 알려주지 않는다. 그들이 타고 갈 기차의 경적소리가 울리고 그들은 정거장까지 마차로 이동한다. 9월 저녁 6시 45분의 황량한 러시아 오지를 통과하는 열차와 정거장이라니?! 이것은 감독의 과잉연출인 듯하다.

19세기 문명을 대표하는 기차와 그것이 가능하게 했던 문화와 문명 그리고 인간의 교통이 단절된 바냐의 공간을 상기해 보시라. 과학기술문명이 초래한 민주주의와 여성해방과 무관하게 진행된 바냐와 소냐의 삶을 기적소리와 연관시킴은 원작의 오독에서 기인한다.

반면에 세레브랴코프의 명성과 그가 바냐에게 보여준 우정의 징표를 가시적으로 재현함은 효과적이다. 그것은 바냐의 분노가 질투에서 기인함을 입증하는 장면이기도 하다. 실제로 바냐는 매제가 거둔 여성에 대한 성공을 시기한다. 교수의 전처이자 자신의 누이동생 베라와 어머니, 마침내는 젊고 어여쁜 엘레나에 이르기까지.

원작에는 없고 영화에만 있는 (2)

엘레나가 들여다보는 사진은 1892년 러시아를 강타한 기근과 전염병을 드러낸다. 그런 재난이 숲의 파괴로 인해 악화되고 있지만, 엘레나는 무관심하다. 그녀의 흉중에는 호기심이 가득하다. 의사가 의붓딸 소냐를 사랑하는지 여부만이 궁금할 따름이다.

영화에서 인상적인 장면은 의붓어미 엘레나가 아스트로프에게 확인하러 가는 장면에서 드러난 소냐의 얼굴이다. 야누스처럼 두 얼굴로 나뉜 소냐의 표정은 독서하기 어렵다. 아마도 그것은 의혹과 기대, 희망과 절망, 앎과 무지 사이의 주저에서 발원하는 듯하다. 아스트로프가 만일 그녀를 사랑하지 않는다면, 그것을 확인하게 된다면 소냐는 어찌 할 것인가?!

마지막 장면은 실로 압권이다. 백설로 하얗게 뒤덮인 광활한 러시아 대지. 살아있는 생명이라고는 하나도 없는 것처럼 보이는 드넓은 산야. 사나운 추위와 폭설로 두절된 러시아 오지의 살풍경(殺風景)은 인간과 문명과 차단된 채 여생을 살아가야 하는 바냐와 소녀의 가혹한 운명을 명시적으로 보여준다. 아아, 출구 없는 인생이여! 쓰라린 운명이여!

체리 향기

감독 압바스 키아로스타미
주연 호먀윤 엘샤드, 아브돌라만 바그헤리
장르 드라마
연도 1997

삶의 본질을 묻는 영화

글을 시작하면서

2016년 7월 4일 타계한 이란 영화감독 압바스 키아로스타미 (1940~2016)는 독특한 인물이다. 한국 관객들에게 자신의 존재증 명을 한 영화 〈내 친구의 집은 어디인가〉(1987)에서 그는 아마드 의 정직성과 인간애를 따사롭게 포착한다. 가슴 깊이 연정을 담 아 테헤레를 바라보는 청년 호세인. 그들의 애절한 사랑이야기를 전하는 〈올리브 나무 사이로〉(1994).

자살을 생각하는 중년사내 바디의 하루 여정을 카메라에 담은 〈체리향기〉(1997). 100세 먹은 노파의 죽음을 둘러싸고 전개되는 영화 〈바람이 우리를 데려가 주리라〉(1999). 아이들의 세계와 20 대 청춘의 사랑, 중년사내의 죽음에 대한 갈망, 아주 늙어버린 노 파의 죽음. 인간의 삶에 내재한 시간대를 퍼즐 맞추듯 그려낸 압 바스 키아로스타미.

그의 영화에 등장하는 허다한 길과 언덕배기와 바람과 먼지와 나무와 하늘은 은유 이상을 내포한다. 길과 길은 굽이치면서 이어지고 어느새 단절되지만, 어느 순간 모습을 드러낸다. 오르막과 내리막이 교차하고, 황량함과 따뜻함이 혼재하는 공간, 길. 그런 길을 걷거나 달리는 인간군상의 내밀한 심리를 지루할 정도의 인내심을 가지고 추적하는 키아로스타미.

바디, 자살을 결심하다

우리는 바디를 모른다. 중년의 인텔리이자 레인지오버를 소유한 인물이라는 게 정보의 총량이다. 영화는 그가 승용차를 몰면서 거리를 헤매다니는 것으로 시작한다. 분명 무엇인가 혹은 누군가를 찾는 눈길이다. 카메라 렌즈는 그의 얼굴을 오른쪽과 정면에서 잡아낸다. 분주히 움직이는 손놀림도 빼놓지 않는다. 분명 찾는 대상은 있는데 무엇인지 알 수 없다.

거리를 떠도는 수많은 사람들이 일거리를 찾고 있다. 1980년에 시작되어 지루하게 진행된 이란과 이라크 전쟁, 그 여파로 인한 경제난을 영화는 부수적으로 드러낸다. 하지만 감독은 이란 국민들의 피폐한 삶을 포착하는데 관심을 두지 않는다. 오직 바디의 눈길과 손동작을 통해서 그가 간절히 찾아 헤매는 대상에 대한 궁금증을 자아내게 할 따름이다.

마침내 우리는 그가 찾는 대상이 자살자를 방조하는 역할을 수행해야 한다는 사실과 만난다. 다량의 수면제를 먹고 예정된 장소에서 영면하고자 하는 바디. 그는 자신의 죽은 육신을 덮어줄 사람을 구하고 있었던 것이다. 까마귀들이 떼 지어 날아다니는 고지대에 파놓은 구덩이에 누워 최후의 시각을 맞이하려는 바디. 왜 그는 자살하려는가?!

군인, 자살로부터 탈주하다

얼핏 봐도 어리숙하고 숙맥 같은 청년이 바디의 차에 오른다. 장거리를 걸어온 그는 피로하고 남루하다. 군에 입대한 지 두 달밖에 되지 않은 곤궁한 청년. 그는 돈 때문에 학력도 변변치 못한 형편이다. 바디가 그에게 거액을 제시하며 일거리를 제안한다. 의혹과 불신으로 가득 찬 청년의 눈길. 모든 이해와 수용을 거부하는 군인.

구덩이로 군인을 데려왔지만 바디는 난감하다. 요지부동의 자세와 돌처럼 굳어버린 얼굴로 한사코 고개를 젓는 청년. 군인은 승용차 안에서 꼼짝도 않고 앉아 있다. 이윽고 바디는 포기하고 운전석에 오른다. 그 순간 기다렸다는 듯 군인이 차 밖으로 튀어나간다.

가파른 언덕길을 직선으로 내달리는 청년. 구불구불한 길의 단

면을 내리 꽂히듯 질주하는 군인. 그 모습을 하염없이 지켜보는 바디. 저 아래 어디선가 군인들의 구호소리가 들린다. 비탈진 언덕길을 힘차게 달려 오르는 젊은 육신들과 목소리가 허공에 메아리친다. 바디는 다시 운전대에 손을 올리고 왔던 길을 되돌아간다.

신학생, 자살을 꿈꾸는 자를 설교하다

이제는 아무짝에도 쓸모없는 바위 파쇄기. 거대하지만 녹슬고 방치된 철골을 지키는 관리인에게 바디가 드라이브를 제안한다. 끝내 거부하는 그가 가리키는 곳에 아프가니스탄에서 온 신학생이 앉아 있다. 선뜻 동승하는 신학생. 소련의 아프가니스탄 침공 (1979) 때문에 이란으로 신학을 공부하러 온 젊은이. 바디는 자신의 의도를 설명한다.

기독교도와 마찬가지로 무슬림도 자살을 경원(敬遠)한다. 그것도 아주 강력하게. 가난한 처지지만 그는 바디의 제안을 거부한다. 외려 바디에게 자살의 본질을 선명하게 드러낸다.

"다른 사람을 죽이는 것이나, 자신의 육신을 죽이는 것은 모두 살인입니다."

의미 없는 생을 끝장내는 편이 삶을 질질 끄는 것보다 낫다고 생각하는 바디. 그런 정도의 자율권이 인간에게 부여되어 있다고 믿는 중년사내. 하지만 신학생은 자신의 주장을 끝내 굽히지 않는다. 왔던 길을 다시 되돌아가야 하는 바디.

바게리, 체리열매를 설파하다

머리가 세고 벗겨진 주름진 얼굴의 노인 바게리. 자연사 박물관에서 조류 박제사로 일하는 건강한 노인 바게리. 그가 선선히 바디의 제안을 받아들인다. 바게리는 젊었지만 너무도 가난했던 시절 자살을 시도했던 자신의 지난 이야기를 꺼낸다. 나무에 밧줄을 걸고 목을 매려 했다는 바게리. 그런 시도가 헛되이 끝나고 그가 우연히 맛본 체리열매.

등교하던 아이들도 맛보고 집에서 잠자던 아내까지 맛을 본 체리열매. 그로 하여금 죽음의 문턱에서 벗어나 삶의 소용돌이 속

으로 인도한 체리. 바게리는 지금까지 바디가 지나왔던 길과는
전혀 다른 길로 그를 인도한다. 이리저리 비틀리고 돌이 많은 거
친 도로로 운행하라고 주문하는 바게리. 그의 이야기는 끊일 듯
끊이지 않고 이어진다.

　빈혈을 앓고 있는 아들을 위해 돈이 필요한 바게리. 그럼에도
그는 바디에게 자살하려는 동기를 묻고 살아야 할 이유를 힘주어
말한다. 장엄하고 아름다운 일출과 일몰, 밤하늘을 비추는 보름
달과 별들, 바람에 흔들리는 체리나무와 꽃과 풀을 말하는 영혼
의 인간 바게리. 바디는 하염없이 듣고만 있다. 이윽히 작별하는
두 사람.

바디, 자살을 결행할 것인가

한밤중 창 밖에서 자동차 경적소리가 울린다. 커튼 너머로 바디의 바지런한 몸놀림이 보인다. 채비를 마친 그가 택시에 오른다. 단정한 자세로 나무 아래 파인 구덩이에 눕는 바디. 시커먼 먹장구름 사이로 보름달이 달린다. 어디선가 천둥소리가 들리고 바람이 불어온다. 어둠 속에서 언뜻언뜻 보이는 바디의 묵연한 얼굴과 앙천(仰天)의 육신.

아아, 그때 소낙비처럼 거센 빗방울이 듣는다. 아까 보았던 한낮의 정경(情景)들이 바디의 뇌리를 스친다. 체육시간에 운동장을 뛰어다니는 소년들의 건강한 육신들. 거칠고 강렬한 자동차 경적소리. 구름과 연무(煙霧)에 싸여 테헤란 외곽으로 서서히 넘어가는 저녁 해. 가파른 등성이를 날아다니는 까마귀들과 허다한 인간들의 야트막한 둥지.

바디는 그 모든 것을 처음 대면하는 사람처럼 보고 듣는다. 그가 바게리에게 말한다.

"내일 아침에 저에게 돌을 던지세요. 혹시 살아있을지도 모르니까 돌 두 개를 던지세요! 그리고 몸을 흔들어주세요!"

색(色)으로 말하는 키아로스타미

사람들이 구덩이 주위로 모여든다. 그곳에서 사람들을 쉬게 하는 영화감독 바디. 촬영은 끝났다고 외치는 바디의 표정이 넉넉하고 여유롭다. 선글라스를 낀 바디 주변에 스텝들이 함께 한다. 여기에도 저기에도 초록의 향연이 펼쳐진다. 풀과 나무와 꽃들로 가득한 초록의 벌판과 언덕에 생명의 숨결이 가득하다. 모든 것이 살아서 약동하는 축복의 공간.

어제까지만 해도 갈색의 칙칙하고 먼지 풀풀 날리던 죽음과도 같았던 공간의 일신(一新)이 전개된다. 로드무비처럼 바디의 하루를 쫓아다니며 렌즈가 포착했던 단조롭고 시끄러우며 숨 막힐 것 같던 공간. 살아있는 것이라고는 나무 한 그루와 까마귀들 이외에는 없는 척박한 사막 같은 공간. 그곳에 초록의 물결이 한가득 넘실대고 있는 것이다.

키아로스타미는 색의 현저한 대조를 가지고 삶의 본질을 말하고 싶었던 게 아닐까?! 바닥 모를 심연처럼 시커멓게 입을 벌리고 있던 어제와 환희가 넘쳐나는 오늘의 대비로 그는 삶의 모순과 대립을 설파하는 것은 아닐까?! 길이 길에 연하여 끝없는 것처럼 굴곡과 질곡과 패배와 절망 너머에 존재하는 기쁨과 축복과 희망의 날들을 노래한 것은 아닐까?!

흔들리고 뒤얽히고 난만하게 풀어진 카메라 렌즈에 포착된 초록의 파도는 영화의 시공간을 일순에 바꿔놓는다. 고대 그리스

비극의 '데우스 엑스 마키나 Deus ex machina'처럼 단번에 대단원으로 질주하는 것이다. 거기서 키아로스타미는 관객에게 속삭이는 것 같다.

"그래도 인생은 살만한 게 아닐까요?!"

조제, 호랑이 그리고
물고기들

감독   이누도 잇신
주연   츠마부키 사토시, 이케와키 치즈루,
         아라이 히로후미
장르   드라마, 멜로/로맨스
연도   2003

관계의 잉여로 사라진 호랑이와 물고기들

글을 시작하면서

등장인물의 내밀한 심사가 주조(主調)를 이루는 소설이나 희곡을 영화로 만드는 일은 어렵다. 〈토르: 천둥의 신〉(2011)을 연출한 케네스 브래너의 〈햄릿〉(1996) 정도가 예외일 것이다. 238분의 상영시간이 말해주듯 브래너의 〈햄릿〉은 원작에 충실하다. 그는 영화장르의 강점을 십분(十分) 살려서 새로운 장면을 도입하여 관객의 흥미와 이해도를 높이고 있다.

하지만 이런 영화는 흔치 않다. 예컨대 데이비드 진 감독의 〈닥터 지바고〉(1965)나, 버나드 로즈의 〈안나 카레니나〉(1997) 혹은 미카엘 카코야니스 감독의 〈그리스인 조르바〉(1964) 등은 주인공들의 복잡다난한 내면세계나 의식의 흐름을 온전하게 포착하지 못한다. 그들은 장편소설의 관계와 사건을 허둥지둥 추적하는데 심혈을 기울인다.

상업성과 가까운 곳에서 생애를 시작한 영화의 운명이 근본 원인일지도 모르겠다. 관객들의 동의가 매표구에서 현금화하는 20세기 대표적인 예술형식인 영화의 속성에 원죄가 있을 것이다. 그럼에도 우리는 희곡이나 소설을 원작으로 둔 걸출한 영화의 출현을 기대한다. 아마도 그것은 전율할 내공이나 도저한 천재성을 요구하는 작업이 될 것이다.

조제가 사라진 조제의 영화

다나베 세이코의 원작소설은 조제에서 시작하여 조제로 끝난다. 서사와 관계와 사유와 감정은 모두 조제에게 집중돼 있다. 주지하는 것처럼 조제는 하반신 마비로 휠체어에 의지해 살아간다. 뇌성마비 같기도 하고, 아닌 것 같기도 한 조제의 일상은 언제나 고요하다. 동선(動線)이 제약돼 있는 탓에 조제는 언제나 자신과 타인들의 내면을 응시한다.

조제는 세상을 모르고 존재감이 엷으며, 인적 교류가 미약한 스물다섯 처녀다. 그녀는 여럿이 하는 일을 싫어하여 데모나 집회에 참여하지 않고, 아무도 모르게 조용히 살아간다. 성치 못한 몸 때문에 지금껏 학교를 다닌 적도 없는 조제. 그러나 아버지에게서 조제는 기초적인 일본어와 한자를 익혔고, 동화책을 보면서 초보수준의 영어도 알고 있다.

이런 조제가 영화 첫머리에 츠네오를 향해 식칼을 휘두른다. 그녀는 노숙자 분위기를 풍기는 할머니가 주워온 숱한 책을 읽고 기억하여 대학교 졸업반인 츠네오를 놀라게 한다. 식중독의 주요 원인인 살모넬라균이라든가, 형사범죄 현장에서 쓰인다는 '루미놀반응' 같은 전문지식을 불쑥 들이대는 조제의 내면은 공격적이고 자기 과시적이다.

조제의 여린 면면이 잘 드러나지 않기 때문에 할머니 사후에 맺어지는 츠네오와 조제의 애정관계는 설득력이 약하다. 츠네오 같은 남자를 오래 기다려온 조제의 수동성과 나약성이 절망과 탄식과 결합하여 츠네오를 붙잡는 장면 아닌가! 텔레비전도 없고 라디오도 고장 나고 할머니는 돌아가셔서 세상에 홀로 남겨진 조제의 고독을 붙잡지 못하는 영화.

츠네오가 주인공이 돼버린 영화

히로시마를 고향으로 둔 순응적이고 가난한 대학생 츠네오. 그는 우연히 조제의 휠체어를 구원함으로써 인연을 맺는다. 조제보다 두 살 어리지만, 영화에서 우리는 츠네오의 나이를 알지 못한다. 다만 그가 매우 활동적이고 바람둥이라는 것은 안다. 노리코와 사귀면서 어느새 카나에와 어렵지 않게 관계를 맺는다. 그러면서도 조제를 생각하는 츠네오.

　　장애는 영화의 적일지 모르겠다. 시각과 청각을 자극하면서 역동성과 상상력을 무한히 확장시키는 장르가 영화니까 말이다. 따라서 걷지 못하는 조제가 아니라, 정상인 츠네오가 주인공으로 등장한 것은 자연스런 일인 듯하다. 휠체어에 스케이트보드를 연결하여 조제를 싣고 달리는 장면은 츠네오의 성격과 내면을 적실(的實)하게 보여준다.

　　언제부턴가 츠네오는 조제를 업고 다닌다. 휠체어를 대신하는 츠네오의 튼튼한 두 다리와 넓은 등판은 조제의 든든한 의지이자 버팀목이다. 뒤에서 밀어주는 휠체어에 앉아서 세상을 보는 것과 누군가의 등에서 바라보는 세상은 다르다. 등과 가슴의 밀착이 전해주는 심장의 고동소리와 호흡은 두 사람의 관계를 깊고도 가

깝게 인도한다.

영화는 시종일관 츠네오의 관계와 서사가 중심이 돼서 진행된다. 그의 여자들과 거기 부속되는 조제, 그의 대학시절과 졸업이후 행적, 그의 동생 다카시와 후배 카나에 하루키도 모두 츠네오의 관계와 사건의 범주에 들어있다. 그래서 원작소설에 그려진 조제의 깊이 있는 성찰과 감성과 사유가 영화에서 실종돼버리는 것이다. 이것이 못내 아쉽다.

차고 넘치는 관계들의 향연

영화에서 우리는 츠네오가 벌이는 애정행각과 여러 번 만난다. 조제는 노리코와 카나에 이후에 츠네오의 가슴에 안긴다. 노리코—츠네오—카나에의 삼각관계가 카나에—츠네오—조제의 삼각관계로 변한다. 영화는 후자의 삼각관계가 어떤 변화양상을 취하는지 보여주는데 집중한다. 하지만 우리는 변해가는 츠네오의 심리나 내면에 대한 정보가 없다.

조제의 관계를 확장시키는 인물로 코지가 등장한다. 자신을 버

린 엄마를 증오하는 소년 코지와 시설에서 함께 살았던 조제. 조
제는 언제나 코지를 아들로 부르고, 자신을 엄마라고 부른다. 버
려진 아동들의 세계를 잠시나마 드러내는 영화의 사회성. 코지는
영화에서 제외시킨 조제의 아버지와 의붓어미 그리고 배다른 동
생을 대신하는 희극적인 인물이다.

  츠네오의 가족이 재연하는 히로시마의 제사풍경은 현대일본의
풍속도 가운데 하나를 드러낸다. 고레에다 히로카즈의 〈바닷마을
다이어리〉에서 그려지듯 일본에 남아있는 집단적인 장례와 제례
는 마음 따뜻한 풍경이 아닐 수 없다. 할머니의 유골을 간직한 채
일상을 살아가는 조제의 모습은 사라졌지만, 제사는 일본의 대사
(大事)로 흔적을 간직하고 있다.

가장 희극적인 인물로 묘사되는 카나에 하루키. 쉬운 한자도 제대로 쓰지 못하고, 성인잡지 에스엠에 정신 줄 놓아버린 철부지 카나에. 영화가 만들어낸 인물 카나에는 츠네오에게 잊힌 조제를 떠올리게 한다. 객석의 웃음확장을 위해 너스레와 장난기를 총동원하는 카나에는 조제의 다면적이고 입체적이며 깊은 울림을 상실케 하는 광대 같은 인물이다.

조제와 함께 사라진 호랑이와 물고기들

휠체어의 장애인에게 너무나 넓은 동물원. 그러하되 조제는 호랑이를 보고자 한다.

"세상에서 제일 무서운 걸 보고 싶었어. 좋아하는 남자가 생기면 안길 수 있으니까. 그런 사람이 나타나면 호랑이를 보겠다고! 만일 그런 사람이 나타나지 않는다면 진짜 호랑이는 평생 볼 수 없을 거라 생각했어!"

츠네오와 함께 호랑이를 본 조제의 심사가 어떠했을까?! 우리

안에서 왔다 갔다 하면서 포효하는 호랑이에 놀란 조제가 츠네오의 팔을 잡으며 무서워하고, 그런 조제를 다정한 눈길로 바라보는 츠네오. 그들의 다음 여정은 물고기를 보는 것이다. 삶은 달걀을 준비하여 후쿠오카의 나카미치 수족관을 찾아가는 조제와 츠네오. 하지만 수족관은 휴관이다.

"깊은 밤에 조제는 눈을 뜨고 커튼을 열어젖혔다. 달빛이 방 안 가득 쏟아져 들어와 해저동굴의 수족관 같았다. 조제도 츠네오도 물고기가 되었다. 죽음의 세계라 생각했다."

수족관을 보고 난 다음 조제가 경험하는 밤중의 달빛과 느낌을 전하는 원작이다. 하지만 영화는 전혀 다른 방식으로 장면을 포착한다. 거대한 조가비 모양의 침대에서 성애장면을 연출하는 조제와 츠네오. 조제에게 완벽한 행복을 의미하는 물고기와 죽음의 세계 대신 육체의 향연과 형광(螢光)으로 재연된 물고기들의 날카로운 유영(遊泳)이 있을 뿐이다.

글을 마치면서

섬세하고 부드러우면서도 단단하고 고집스러운 조제의 모순적인 내면세계를 잡아내는 장면이 영화에도 있다. 그것은 츠네오가

조제에게 산보하면서 무엇을 보는지 묻고 답하는 장면이다. 꽃과 구름과 고양이를 보고 싶다는 조제. 그 대답에 환하게 웃으며 어처구니없어 하는 츠네오. 그들은 그만큼 서로가 서로를 온전하게 이해하지 못한다.

츠네오한테 조제는 그저 스치듯 만난 여러 여자들 가운데 하나로 남는다. 하지만 조제에게 츠네오는 처음이자 마지막 남자일 가능성이 농후하다. 조제가 다시 호랑이를 보러 동물원에 가거나, 수족관을 유영하는 물고기들을 만나러 장거리 여행실에 오를 가능성은 별로 커 보이지 않는다. 그녀는 이제 전동차로 이동하는 자유를 얻었다.

츠네오가 조제에게 다가간 것은 이웃남자가 조제에게 탐하는 육욕과 다르지 않다. 그러다가 어느 날 문득 카나에를 찾아서 츠네오는 조제와 작별하는 것이다. 어쩌면 가슴 시릴 법한 장면에서 조제는 성인잡지 에스엠과 관련된 책을 선물한다. 카나에와 별로 다르지 않은 츠네오의 내면을 독서한 까닭이 아닐까, 생각한다.

보통사람들과 조금은 다른 장애인의 심리와 내면을 웃음으로 버무린 영화 〈조제, 호랑이 그리고 물고기들〉은 울림이 작다. 카나에와 길을 가다가 거리에 주저앉아 크게 울어대는 츠네오의 슬픔이 흉중을 아프게 하지 않음은 현대일본 청년들의 손쉬운 만남과 이별 탓이리라. 상업성과 제휴해야 하는 영화의 속성인지도 모르겠다. 그러나 산뜻해 뵈지만 경박하고 부박(浮薄)한 세태가 아프게 다가오는 것은 비단 나만의 상념인지, 그것이 궁금하다.

신해혁명

감독 성룡, 장리
주연 조문선, 성룡, 강무
장르 액션, 모험, 드라마
연도 2011

혁명을 바라보는 엇갈린 눈길

글을 시작하면서

혁명은 '국가나 사회, 개인의 운명을 근본적으로 뒤바꾸는 일'
이다. 혁명은 자체의 언어만으로는 존립하기 어려우며, 그 앞에
각종 수식어가 동반된다. 정치, 산업, 정신, 교육, 문화 등등. 예
컨대 우리는 목하 제4차 산업혁명의 촉발과 전개과정을 목도하
고 있다. 인공지능, 로봇, 증강현실, 사물 인터넷, 3차원 인쇄기가
재연하는 광속(光速)의 산업혁명!

영화 〈신해혁명〉은 1911년 10월 10일부터 시작된 중국 현대사
의 도도한 흐름을 포착하여 이듬해 손문이 임시대총통을 사임하
는 2월 13일까지를 다룬다. 광활한 대륙 곳곳을 비롯해 아메리카
와 런던 같은 구미 곳곳을 공간으로 삼는다. 이런 씨줄과 날줄에
기초하여 혁명에 헌신한 허다한 중국 청년들의 초개(草芥)같은 운
명을 쉴 틈 없이 보여준다.

그러하되 영화는 신해혁명을 바라보는 서로 다른 세 가지 관점에서 출발하여 끝맺는다. 손문(1866~1925)을 중심으로 한 혁명 주도세력의 관점, 선통제(1906~1967)를 섭정하는 태후와 청 황족의 입장, 양자 사이에서 정치적 이해득실을 저울질하면서 권력욕에 불타는 원세개(1859~1916). 이런 관점 사이에서 수많은 인물들이 나타났다 소멸한다, 별똥별처럼.

손문: 왜 우리는 혁명을 해야 하는가?!

"열강(列強)은 혁명에서 탄생합니다. 지금 중국은 미래가 없습니다. 외세와 지배층 때문에 중국 인민들은 존엄성이 없는 삶을 살아가고 있습니다. 홍콩을 영국에게, 대만을 일본에게 할양해주는 것이 조정에서 할 일입니까?!"

손문의 일갈이다. 신해혁명의 최고 지도자이자 이론적 논거를 제공하는 손문은 의사였다. 〈아Q정전〉의 작가 노신(1881~1936) 역시 일본에 유학하면서 의학에 뜻을 두었으나, 정신개조 없는 중국의 미래는 불가능하다는 판단 아래 의업을 접은 것과 유사하다. 16년에 걸친 국외망명 기간에 손문은 제국주의 열강에게 중국혁명의 당위성을 설파한다.

혁명과 중국의 미래에 관한 손문의 인식과 실천은 영화에서 지속적으로 되풀이된다. 그것은 크게 세 가지로 요약 가능하다. 첫째, 수명이 다한 청나라 황제를 폐한다. 둘째, 군국주의를 혁파한다. 셋째, 민중의 선거로 새로운 지도자를 선출한다. 손문의 이런 사상을 뒷받침하는 것이 그 유명한 삼민주의다. 민족주의, 민권주의, 민생주의!

혁명은 근본적으로 운명을 전환시키는 것이며, 혁명을 위해 산화해간 청년들의 죽음은 민중의 개선된 삶을 위한 밑거름이 되리라 손문은 확신한다. 흥미로운 사실은 청나라 조정을 대표하는 주외(駐外) 대사의 딸이 손문의 사유에 공감하고 협력한다는 사실이다. 그로 인하여 비참한 최후를 맞이하지만, 그녀 역시 민중의 미래를 위한 하나의 밀알이 된다.

태후와 청나라 황족: 황족이 있어야 나라도 있다!

그들이 내세우는 주장에서 나는 기시감을 느낀다. 1894년 1월 동학 농민군을 척살(擲殺)하기 위해 청나라와 일본 양국에게 군대를 파견해달라고 애걸복걸한 민비 민자영의 그림자가 선연하게 다가온다. "내가 조선의 국모(國母)!"라고 한 소리했다던 민자영의 심산이야말로 "왕족이 있어야 나라가 있다!"는 것 아니었는가?! 이토록 닮은꼴이라니!

　3살 나이에 서태후의 명을 받아 청나라 마지막 황제가 된 선통
제는 본디 아비인 순친왕 재풍의 섭정을 받았다. 그러나 영화는
극적인 효과를 위해서 재풍 대신 그의 아내 태후를 전면에 배치
한다. 황실과 어린 아들 선통제의 안위만 생각하는 여인 태후. 그
녀의 흉중에는 '황족이 있고서야 비로소 국가도 있다!'는 인식이
뿌리 깊이 박혀있다.

　그런 사유를 근거로 하여 황실은 1911년 5월 '철도 국유화령'을
선포한다. 영국, 프랑스, 도이칠란트, 미국 네 나라에게 600만 파
운드를 받고 철도를 팔아넘기려고 획책한다. 이것에 반대하여 반
칭-반제국주의 운동이 거세게 일어나 9월 사천에서 대규모 민중
봉기가 발생한다. 그리고 운명의 10월 10일 '무창봉기'로 신해혁
명의 횃불이 타오른다.

　1661년 강희제 즉위 이후 옹정제, 건륭제에 이르는 134년 동안
황금기를 구가했던 청나라. 세계 최고수준의 경제와 문화 그리고

강역을 자랑했던 제국의 위엄과 영광이 19세기 들어 급속히 쇠퇴의 길로 접어든 청. 그들이 지금과 여기에 함몰돼 있을 때 유럽은 영국의 산업혁명, 프랑스의 정치혁명, 도이칠란트의 정신혁명을 계기로 중국을 압도해버린다.

시대의 변화와 역사의 진전에 둔감했던 왕조의 몰락은 무수히 반복되었다. 모든 시작은 이미 그 안에 종말을 내포하고 있음은 당연지사. 생명을 가진 모든 것은 사멸로 귀결된다. 그것의 지속 여부에 차이가 있을 뿐. 영화 〈신해혁명〉은 종말과 사멸을 두려워하며 떠는 태후와 철없는 선통제의 치기어린 모습을 여과 없이 보여준다. 필연적인 역사의 심판이다!

원세개: 교묘한 줄타기의 달인

영화가 들여다보는 제3의 인물은 원세개다. 황실과 혁명군 사이에서 적절한 결탁과 배신을 되풀이하면서 최고의 정치권력을 도모한 인물 원세개. 무창에서 궐기한 혁명군을 일거에 쓸어버릴 수도 있지만 그는 진군하지 않는다. "혁명군이 궤멸하면 우리도 존재의의가 사라진다!"는 것이 그의 판단이다. 이른바 '토사구팽'을 떠올리는 지략의 원세개.

"교토사양구팽(狡兎死良狗烹) 고조진양궁장(高鳥盡良弓藏) 적국파모신망(敵國破謀臣亡) 천하이정(天下已定) 아고당팽(我固當烹) 교활한 토끼가 죽으니 좋은 개가 삶아지고, 높이 나는 새가 사라지니 좋은 활이 감춰지누나. 적국이 멸망하면 신하를 죽이려 하는데, 천하가 이미 안정되었으니 내가 삶아지는 것도 당연하지 않겠느냐!"란 기막힌 명구를 남기고 형장의 이슬로 사라진 한신(韓信)을 떠올리는 원세개.

처음부터 끝까지 원세개는 권력을 향한 야심을 감추지 않는다. 물론 그는 아들들의 천진난만한 권력욕은 완벽하게 차단한다. 누구도 그의 야욕을 눈치 채서는 아니 되기 때문이다. 그 정도로 원세개는 지략에 능하고 술수에 밝은 노회(老獪)한 정치가이기도 하다. 그에게 유일한 눈엣가시는 혁명당과 손문이다.

손문이 1912년 1월 1일 남경에서 민국정부 초대 임시대총통 자리에 오르자 원세개는 불같이 분노한다. 손문은 사심 없는 인간이며, 손문으로 중국이 일어난다고 예견했던 사람들의 평가를 무

시하는 원세개. 천천히 싸우며 상황을 지켜보다가 병권과 군량을
확보하여 중국을 삼키려던 원세개. 그와 적대하는 손문! 영화는
그들의 대립과 갈등으로 옮아간다.

그 후의 이야기: 신해혁명은 어찌 되었나

손문은 선통제가 퇴위하지 않는다면 혁명은 성공할 수 없다고
판단한다. 그가 진정으로 원하는 것은 이천년 넘도록 유지돼온
왕조를 끝장내고 민중의 손으로 공화국을 수립하는 것이다. 따라
서 그는 청조(淸朝)를 타파하는 자에게 대총통직을 넘겨주겠노라
고 약속한다. 손문이 진정 바랐던 것은 무혈혁명으로 공화국(共和
國)을 세우는 것이었다.

호시탐탐(虎視耽耽) 손문의 자리를 넘보던 원세개가 태후와 황
족을 위협한다. 그는 1789년 프랑스 대혁명으로 단두대의 이슬로
사라진 루이 16세와 그의 아내 마리 앙투아네트를 말한다. 충격
과 공포에 몸을 떠는 태후. 형장의 이슬로 사라지지 않으려면 퇴
위해야 한다고 주장하는 원세개의 주장을 넘어서지 못하는 황족
가문의 사람들.

운명의 1912년 2월 12일 태후는 선통제의 퇴위를 선언한다. 이
튿날 중국 혁명당의 최고 지도자이자 이론가이며 사상적 지주 손
문은 임시 대총통직을 사임한다. 마침내 최고 권력자의 자리에

설 수 있는 절호의 기회를 스스로 내려놓고 표표히 물러서는 손문. 기다렸다는 듯 대총통 자리에 오르는 원세개. 영화는 이후의 이야기는 생략한다.

우리는 신해혁명이 미완(未完)의 혁명이었음을 안다. 원세개의 야욕과 제국주의 열강의 간섭으로 1919년 5월 4일 이른바 5.4운동이 촉발된다. 하지만 중국은 그 이후로도 허다한 난관에 봉착했고, 결국 1949년이 되어서야 비로소 오늘날의 중화민국이 성립한다. 그 모든 뿌리와 근원을 영화 〈신해혁명〉은 손문과 혁명당에서 찾고 있다.

결론을 대신하여: 다시 생각하는 신해혁명과 현대중국

손문은 반식민지로 전락한 중국민중이 반봉건으로 신음하는 참상을 혁명으로 뒤집고자 한다. 그는 열강을 두려워하지 않았으며, 민중을 위한 것이라면 물불을 가리지 않은 인물이다. 개인의 명성과 영광이 아니라, 혁명을 위해 평생 진력했으며, 그런 까닭에 대총통 자리에 연연해하지 않을 수 있었다. "작은 연못에 큰 물고기는 없다!"는 속담이 떠오른다.

모든 이가 영원히 행복한 평화로운 세상을 만들기 위한 혁명이 되어야 한다고 믿었던 이상주의자 손문. 선거를 통해 공화국을 건설함으로써 민중 자신이 지도자를 뽑는 방식을 관철시키고자 했던 선각자적인 지도자 손문. 목표를 위해서라면 희생과 타협도 마다하지 않은 전략적 판단과 사고의 소유자 손문. 이런 사람을 국부로 모시고 있는 나라 중국.

그러하되 2016년 중국은 아직도 신해혁명의 손문과 혁명당의 그늘 아래 있는가?! 손문이 설파했던 삼민주의는 현대 중국에서 온전하게 구현되었는가?! 중국 공산당은 손문이 주창했던 공화국을 건설했는가? 중국 공산당이 신해혁명을 계승했다고 주장하는 영화 〈신해혁명〉을 우리가 곰곰 반추해야 하는 의미는 여기 있을 것이다!

1984

감독	마이클 래드포드
주연	존 허트, 리처드 버튼
장르	드라마, SF, 스릴러, 멜로/로맨스
연도	1984

진지하고 건조하며 화장기 없는 영화

글을 시작하면서

고등학교 다닐 때 끼고 살았던 송성문의 〈정통종합영어〉는 불세출(不世出)의 명저로 꼽혔다. 홍성대가 출간한 〈수학의 정석〉과 함께 대입 수험생들의 고전 중의 고전이 〈정통종합영어〉였다. 영어 깨나 한다는 축들은 거기에 김열함이 쓴 〈영어의 왕도〉를 추가로 공부했다. 마치 수학 잘하는 학생들이 〈절대수학〉을 연마한 것과 같은 이치다.

〈정통종합영어〉에 나오는 지문 가운데 하나를 지금도 기억한다. 가파른 산비탈을 달리던 마차기 낭떠러지에서 추락할 위험에 빠진다. 프랑스인들은 공포에 질려 마차 안에서 소리 지르고 이리저리 몸을 던지며 공포에 질린다. 반면에 영국인들은 침묵한 채 자리를 지킨다. 위험을 벗어난 마차가 여인숙에 도착했을 때 프랑스인들은 추락의 공포를 이미 망각한 상태다. 하지만 영국인들은 그제야 불안과 공포로 몸을 떨면서 자리에 눕는다.

영국과 프랑스 국민들의 차이점을 극단적으로 축약하여 보여주는 지문이다. 맞든 틀리든 그것은 소싯적의 내게 지울 수 없는 강렬한 인상을 남겼다. 조지 오웰의 장편소설 〈1984〉를 원작으로 한 영화 〈1984〉는 영국인들처럼 진지하고 건조하다. 원작을 복사하다시피 제작한 영화는 관객의 상당한 지적 수준과 고도의 인내력을 필요로 한다.

반 유토피아 소설 〈1984〉

1516년 토마스 모어는 〈유토피아〉를 쓴다. 당대 유럽각국의 영토 확장 야욕과 그로 인해 고통 받는 평범하고 가난한 사람들에게 '지상에 없는 이상향'을 그려내 보인 작품이다. 만민이 평등하고 화폐가 없으며 사유재산이 없는 유토피아. 결혼하려는 남녀가 상대의 나신(裸身)을 보고나서 결혼여부를 결정하는 유토피아.

1917년 10월 사회주의 혁명이 발발하여 볼셰비키 권력이 수립된 러시아에서 반 유토피아 소설이 최초로 등장한다. 예브게니 자먀틴의 〈우리들〉(1924)이다. 인간이 이름을 상실하고 알파비트와 숫자로 자신을 나타내는 미래의 단일제국을 형상화한 장편소설 〈우리들〉. 시간 율법표에 따라 자동화된 기계처럼 일사분란하게 움직이는 인간군상. '은혜로운 분'의 지배를 당연시하고 자유

대신 행복(빵)을 선택한 사람들의 전체주의적 통제사회.

1932년 올더스 헉슬리는 〈멋진 신세계〉를 출간한다. 〈우리들〉
에 등장하는 '테일러 시스템'을 발전시킨 '포드 시스템'에 따라
작동하는 세계국가를 배경으로 하는 소설. '소마'라는 알약으로
인간들의 영혼을 종교처럼 지배하는 제국. 야만인 보호구역에서
제국으로 오게 된 청년 존이 자유와 자유의지를 갈파하다 자살할
수밖에 없는 완전 통제사회.

조지 오웰은 1949년 장편소설 〈1984〉를 출간한다. 소설출간과
불과 35년 격차를 시간 배경으로 삼은 〈1984〉. 오웰은 사회주의
소련과 독재자 스탈린을 전면에 내세운다. '빅브라더'로 표상되
는 스탈린과 '골드스타인'으로 투영된 트로츠키, 세계를 3분하는

오세아니아, 유라시아, 동아시아의 각축을 제시하면서 인간의 자유와 자유의지를 갈파하는 오웰.

자유의지를 주장하는 남자 윈스턴 스미스

주인공 윈스턴은 '진리부'에서 과거를 왜곡하여 당의 무오류를 일상화하는 작업에 종사하는 지식인이다. 그가 거주하는 나라 오세아니아는 3억 인구 가운데 2% 600만의 핵심당원과 13% 3,900만의 일반당원, 나머지 85% 2억 5,500만의 '프롤(레타리아트)'로 구성돼 있다. 일반당원인 윈스턴은 텔레스크린과 사상경찰, 헬기 등으로 24시간 감시당한다.

프롤 구역에 있는 해링턴의 가게에서 고급한 공책을 구입한 윈스턴은 국가가 금지한 일기쓰기를 시작한다. 그곳에 그는 대문자로 "타도 빅브라더"라고 쓴다. 존재하지 않는 가상의 인물 빅브라더에 대한 적개심과 증오를 가진 윈스턴은 핵심당원 오브라이언에게 호감과 동류의식을 느낀다. 윈스턴은 그와 대면하고 반역단체 '형제단'에 가입한다.

윈스턴의 사유는 '2 더하기 2는 4'라는 공식으로 구체화한다. 그것이 자유의지이며, 그렇게 할 수 있다면 나머지는 자연히 따라올 것이고 믿는다. 하지만 당과 빅브라더를 대신하는 인물 오브라이언은 2 더하기 2는 4가 아니라, 당이 원하는 대로 3이나 4 혹은 5가 될 수 있음을 고문을 통해 주입한다. 고문과 공포로 윈스턴을 세뇌하는 오브라이언.

인간의 자유와 자유의지를 신봉하는 윈스턴은 당과 국가를 파괴하려는 열망에서 순결과 선을 증오하며 타락을 원한다. 아이들이 부모를 감시하는 나라, 사랑이 아니라 증오와 공포로 건설되고 유지되는 나라, 동아시아나 유라시아와 동맹을 맺고 끝없이 전쟁에 몰두하는 나라, 거짓과 진실의 경계가 무너진 나라 오세아니아를 전복하고 싶어 하는 윈스턴.

육체적인 쾌락을 좇는 여인 줄리아

줄리아는 지금과 여기에 함몰되어 있으며 육체적인 쾌락을 추구하는 26세 여성이다. 그녀는 윈스턴에게 일반당원들과 수백 번 섹스 했으며, 뼛속까지 타락했다고 말한다. 줄리아와 윈스턴은 서로의 육체에 탐닉한다. 그들은 다가올 파멸을 예견하면서도 그럴수록 상대의 몸과 섹스를 강렬하게 추구한다. 그들의 벌거벗은 몸은 그것을 극명하게 드러낸다.

그들이 처음으로 관계를 맺는 런던교외의 풍광은 평안하고 아름답기 그지없다. 초록의 풀이 언덕을 빼곡하게 덮고 있으며, 꼭대기에는 크고 작은 나무들이 오랜 벗들처럼 다정하게 서있다. 5월의 훈풍과 훈향(薰香) 속에서 그들은 서로의 몸을 확인한다. 영화는 그곳으로 더러는 윈스턴을 더러는 오브라이언과 윈스턴을 데리고 간다.

생명과 평화를 상징하는 초록의 산야에 등장하는 인물들이 다른 것은 윈스턴의 애틋한 경험이 환영과 겹쳐지기 때문이다. 사상적 동지처럼 보이는 오브라이언이 제공해줄 것 같은 세계의 지평이 초록의 공간으로 현현하는 것이다. 그리하여 환희와 희열, 열락의 공간이 사상경찰이자 고문 기술자이며 세뇌 전문가와 함께하는 공간으로 전화(轉化)한다.

어느 날 줄리아가 그들의 밀회장소인 해링턴의 이층으로 귀한 물건들을 가져온다. 내부당원용으로 제공되는 설탕과 커피, 홍차와 우유, 흰 빵과 잼을 가져온다. 만성적인 물자부족에 시달리면서도 최상층 지배집단의 특권을 용인한 타락한 사회주의 국가 소련의 민낯을 고발하는 장면이다. 짧은 시간이지만 거기서 줄리아는 진정 사랑스러운 여인이 된다.

오브라이언과 윈스턴의 대결

7년 전부터 윈스턴을 감시해온 오브라이언은 악명 높은 고문실 101호에서 가혹한 고문과 심문으로 윈스턴의 영혼을 유린한다. "과거를 지배하는 자가 미래를 지배하며, 현재를 지배하는 자가 과거를 지배한다!"는 당의 공식을 충실하게 집행하는 그는 현재

와 과거, 미래가 그 자체로는 존재하지 않는다고 말한다.

오브라이언에 따르면, 진실한 과거는 존재하지 않는다. 필요에 따라 과거는 조정되거나 수정 가능하다는 것이다. 따라서 그는 현재의 권력과 통치를 위해서라면 과거사실과 숫자를 날조할 수 있다고 확신한다. 윈스턴은 그런 오브라이언과 당의 사고에 저항하다가 체포된 것이다. 과거가 날조된다면 진실한 현재와 미래는 없다고 윈스턴은 생각한다.

권력에 대한 오브라이언의 사유는 끔찍하다. 윈스턴에게 그는 말한다.

> "권력은 인간에게 고통과 굴욕을 주는 거야. 권력은 인간정신
> 을 조작하여 원하는 모델로 재조립하는 것이라고. 그래서 권력은
> 수단이 아니라 목적인 셈이지."

윈스턴처럼 자유의지를 주장하고 권력에 저항하는 자를 세뇌시켜 당에 대한 충성과 빅브라더를 향한 사랑만 남기는 것이 오브라이언의 과업이다. 인간성은 영혼이 아니라, 육체라는 확신을 가지고 그는 윈스턴의 육신을 갈기갈기 찢어버린다. 고문으로 스스로를 알아보지 못할 정도로 육체와 영혼이 피폐해진 인간 윈스턴은 결국 굴복하고 만다.

결론을 대신하여: 어둡고 또 어두운 영화 〈1984〉

신어전문가 사임이 증발한 것처럼, 딸의 고발로 투옥되어 실종된 파슨스처럼 윈스턴 역시 아무 흔적 없이 사라질 운명과 대면한다. 오브라이언이 그에게 말한다. "거울을 봐. 마지막 인간의 추악한 몰골을 보라고. 너는 존재하지 않아. 넌 역사의 바깥에 있는 거야."

완전한 세뇌 끝에 석방된 윈스턴을 구원하는 유일한 수단은 술이다. 술로 영혼과 육신을 지탱해야 하는 알코올 중독자 윈스턴. 어느 날 줄리아가 카페로 윈스턴을 찾아온다. 언젠가 그들은 자백은 배신이 아니며, 누구도 마음을 지배할 수 없다는 대화로 서로를 위로한 적이 있었다. 하지만 지금의 그들은 고문으로 전연 다른 사람들이 되어버렸다.

쥐를 끔찍하게 싫어하는 윈스턴이 쥐 고문으로 줄리아를 배신한 것처럼 줄리아도 윈스턴을 배신한 것이다. 그들에게 남겨진 마음의 부채는 없다. 완전히 청산되었기에 그들은 훌훌 털고 작별할 수 있다. 국가가 건네준 이별의 선물이었을까. 어떤 출구도 희망도 봉쇄된 〈1984〉의 세계는 일낭독재와 개인우상화가 지배하는 국가, 개인의 자유와 자유의지가 말살된 사회가 대면할 처절의 극한을 가감 없이 보여준다. 오, 자유여, 사랑이여, 유토피아여?!

플루토에서 아침을

감독 | 닐 조단
주연 | 킬리언 머피, 스티븐 레아
장르 | 코미디, 드라마
연도 | 2005

가벼움은 진지함을 이길 수 있을까

글을 시작하면서

우연한 기회에 본 영화가 기특할 때가 있다. 백장화상처럼 '대웅봉에 홀로 앉아있는 대각의 경지'는 아니더라도, 분명 기특한 일이 될 수 있다. 아일랜드 공화국군(IRA) 하면 떠오르는 켄 로치 감독의 〈보리밭을 흔드는 바람〉(2006)은 얼마나 무겁고 진지하며 엄숙한가?! 조국을 위해 형제살해도 서슴지 않는 우울한 용기와 애국심을 어떻게 설명해야 하는가?!

그런데 닐 조단 감독은 〈크라잉게임〉(1992)에서 누구도 예상치 못한 방향으로 문제를 몰고 간다. 폭력과 살상이 난무하는 투쟁과 언어도단의 엇박자를 이루는 동성애라니! 거칠 것 없다는 듯 적나라한 성기노출과 성애장면이 야기한 충격은 경이로운 것이었다. 영국으로부터 독립하려는 아일랜드 공화국군을 전혀 이질적인 시각으로 바라보는 두 감독.

영국의 대표적인 좌파 감독으로 아일랜드 독립 문제를 심각하고 무거운 시선으로 담은 켄 로치. 아일랜드 출신으로 그 문제를 전혀 다른 차원의 문제로 치환하여 진지함과 가벼움, 강자와 약자, 주류와 비주류의 관점으로 버무리는 닐 조단. 매우 독특한 영화 〈플루토에서 아침을〉(2005) 역시 조단 감독의 남다른 시선을 여과 없이 보여준다.

특이한 영화 구성방식

영화 구성방식이 흥미롭다. 두 시간 남짓 되는 상영시간을 고려하면 〈플루토에서 아침을〉은 무척 세분되어 있다. 무려 30여 장의 단편들로 영화가 짜여있기 때문이다. 불과 4~5분 만에 하나의 장면이 시작하여 끝맺는 기법은 브레히트의 서사연극 기법을 더욱 단출하게 실현한 것이다. 각 장면 첫머리에 장면의 주제나 내용을 압축하여 설명한다.

각각의 장면은 나름의 시작과 과정, 결말을 가지되, 그것은 전체의 일부이기도 하다. 모든 장면은 자체 완결적인 전체로 기능하지만, 전체영화의 일부분이라는 양면성을 소유한다. 마치 여러 조각으로 나눠진 그림조각 맞추기 같다. 조각을 맞추면서 우리는 하나하나에 신경을 곤두세우지만, 무엇보다도 조각들이 전체의 일부로 작용할 수 있도록 배려해야 한다.

〈플루토에서 아침을〉이 주목하는 내용은 두 가지로 압축 가능하다. 그 하나는 거대담론이자 사회 – 정치적인 메시지인 아일랜드 독립과 공화국군이며, 그 둘은 주인공을 둘러싼 미시담론이자 인간존재의 방식에 대한 것이다. 양자는 상호 대립하거나 충돌하기도 하고, 그로 인해 인물들의 관계가 파열음을 내기도 한다. 이것을 엮어낸 감독의 수완이 놀랍다.

패트릭, 패트리샤 혹은 키튼

언제부턴가 패트릭은 내부의 여성성에 굴복하고 그것을 탐닉하기에 이른다. 장미와 캔디, 미니스커트와 모피, 스타킹과 샤넬 No.7 같은 것을 그는 좋아한다. 엄마 몰래 립스틱을 바르기도 하고 스커트를 입은 채 식구들에게 발견되어 경을 치르는 패트릭. 사실 그는 남다른 출생이력을 가지고 있다. 교구신부와 하녀 사이의 애정행각으로 태어난 패트릭.

엄마에게 버려진 그는 양모 밑에서 성장하지만 성적(性的) 정체성의 혼란 때문에 온전히 대접받지 못한다. 그런 패트릭을 친구로 받아들여 패거리를 이루는 찰리와

어윈, 로렌스. 자신의 출생내력과 사라진 엄마를 찾고자 하는 열
망에 휩싸인 패트릭은 언제부턴가 스스로를 '키튼'이라는 여자이
름으로 부른다. 아예 대놓고 여자행세를 시작하는 패트릭.

그의 일탈을 견디다 못한 학교와 가정의 닦달을 과감히 떨치고
가출을 감행하는 키튼. 이제 그 (혹은 그녀)의 길은 런던에 있다
는 엄마를 찾는 것이다. 여기서부터 영화는 로드무비 형식을 취
한다. 〈플루토에서 아침을〉에서 길은 큰 의미를 부여받지 못하지
만, 키튼이 만나고 헤어지는 인간군상은 하나같이 길에서 헤어지
고 만난 사람들이다.

록밴드 리더 빌리 해쳇과 짧은 시간 밀회를 갖지만, 아일랜드
공화국군 관련 사건으로 키튼은 죽을 고비마저 경험한다. 런던에
서 키튼은 공원의 동물로 분장하여 아이들을 즐겁게 함으로써 생

계를 잇는다. 그 일도 잠시 마술사 버티 본과 우연히 조우하여 조수로 일하는 키튼. 버티는 키튼에게 여성으로서 매력을 느끼지만, 키튼은 타고난 남성을 고백한다.

키튼과 감옥 그리고 핍쇼

세상물정 모르는 철없는 키튼은 길거리에서 호객하다가 하마

터면 목숨을 잃을 지경에까지 이른다. 그녀를 구하는 것은 샤넬 No.5. 혹독한 시련의 인간세상을 하나둘씩 알아가는 키튼. 그러다가 들른 클럽에서 대규모 폭발사고가 터진다. 아일랜드 독립을 원하는 공화국군의 폭탄테러. 거기서 관객은 소수자이자 비주류로서 키튼의 본질을 새삼 확인한다.

테러 현장에서 구출된 키튼은 여자이되 남자고, 런던에 있지만 국적은 아일랜드다. 그런 까닭으로 단박에 테러 용의자로 오인(誤認)되어 체포되는 키튼. 폭력과 잠 안 재우는 고문에도 불구하고 키튼은 유쾌함과 생기발랄함을 잃지 않는다. 경찰이 오해를 풀고 키튼을 석방하려 하지만 그녀는 강력히 반대한다. 경찰서에서라

도 소속감을 느끼고 싶은 키튼.

〈플루토에서 아침을〉에서 감독이 던지고자 하는 메시지 가운데 하나가 여기 있다. 아버지가 누구인지 모르고, 엄마는 자신을 버려둔 채 도망쳐버린 키튼. 양모와 가족, 학교와 교사는 키튼의 성 정체성을 수용하지 않고, 거리에서 만난 사람들과는 차례로 이별한다. "경찰서에 하루만이라도 더 있게 해 달라!"고 애원하는 장면은 키튼의 고독을 드러낸다.

역설적이지만 키튼을 구원하는 것은 경찰이다. 어설픈 매춘 행각으로 벌이를 시도하는 키튼을 합법적인 매춘업소로 인도하는 경찰. 거기서 키튼은 생의 전환점을 맞이한다. 그토록 알고자 하는 엄마의 주소를 가르쳐주러 나타난 생부 리암 신부. 이제 키튼은 해결해야 할 수수께끼를 풀고 평온한 상태에 도달한다. 그때 발생하는 찰리와 어윈 사건.

어설픈 공화국군과 아이의 탄생

버티의 마술쇼에서 키튼을 빼내오는 찰리. 하지만 그녀에게도 심각한 문제가 도사리고 있다. 아일랜드 공화국군에 깊이 연루된 애인 어윈 때문이다. 어윈은 타고난 심성이 연약하고 소심한 인간으로 긴박한 상황에서 오줌똥을 가리지 못할 정도로 가슴이 여린 인간이다. 그를 바라보며 깊은 숨을 몰아쉬는 찰리. 그들 사이

에서 잉태된 작은 생명.

키튼이 찰리와 함께 런던의 낙태 전문병원에 들어선다. 두 사람의 표정은 어둡고 우울하다. 간호사가 내미는 설명서를 읽다가 밖으로 뛰쳐나가는 찰리. 환한 얼굴로 찰리 뒤를 따르는 키튼. 이렇게 두 사람의 여성은 생명 하나를 소중히 안고 리암 신부의 교구로 귀향한다. 이 장면에서 닐 조단 감독은 이렇게 말하는 듯하다.

"남자들은 국가를 위해서, 이데올로기와 애국심을 위하여 서로 죽이고 죽지만, 여자들은 크고 작은 아픔을 딛고 아이들을 낳고 기른다."

〈플루토에서 아침을〉에서 인상적인 장면은 마지막에도 부설돼 있다. 여장남자와 미혼모를 용납하지 못하는 교구민들이 리암 신부의 교구관저에 불을 지르는 것이다. 성 소수자와 미혼모라는 사회문제가 다시 한 번 불거진다. 이것과 아일랜드 독립 혹은 공화국군의 폭력과 테러, 어느 것이 더 본질적인가, 하고 닐 조단은 재삼 묻는 것이다.

결론을 대신하여: 가벼움과 진지함이 맞붙는다면?!

켄 로치의 〈보리밭을 흔드는 바람〉에는 진지함을 넘어서는 엄숙함과 숭고함 내지 비장함이 가득하다. 잉글랜드와 아일랜드 사이에 가로 놓여있는 심연이 시커멓게 내장을 드러낸 채 신음한다. 그 결과 문제 해결방식은 필연적으로 극단적일 수밖에 없다. 양자택일이 있을 뿐, 절충이나 타협 가능성은 원천적으로 배제된다. 그래서 영화는 깊고 무겁다.

닐 조단의 〈플루토에서 아침을〉은 문제를 빗겨가는 듯하다. 타고난 여성성을 주체하지 못하는 사생아를 전면에 배치하여 아일랜드 문제를 부차적인 것으로 만드는 것 같다. 하지만 그렇지 않다. 영국이 주류이자 강자이며 남성이라면, 아일랜드는 비주류이며 약자이고 여성이다. 남성들은 죽이고 죽어가지만 여성들은 생명을 낳고 기르고 인내한다.

너무도 진지하고 진지하며 또 다시 진지한 남성들과 주류의 거대담론 세계에 대해 이제는 태양계에서 삭제된 명왕성 플루토가 미시담론의 목소리를 낸다.

"그렇게까지 진지하면 누구나 다치고 상처입고 죽을 수 있어. 진지함은 잠시 접어두고 인생의 의미와 빛깔과 향기를 생각해보는 것은 어떨까?! 어째서 21세기에도 우리는 이념과 국가와 이데올로기를 위해서 죽어가야 하는 거야?! 그것만이 유일한 선택인 거야?"

우리가 항용 나직하게 속삭였던 혁명과 공화국과 민중과 21세기는 과도한 진지함과 열망으로는 성취되지 않는다. 그것은 민중이 얼마나 그와 같은 대의에 동의하여 대오를 맞추느냐에 달려있다. 진지한 남성들이여, 폭력과 이념의 우직한 신봉자들이여, 잠시라도 돌아보라! 세상과 역사와 구원과 미래가 어디서 발원하는지! 어떻게 그 원천으로 다가갈 것인지, 그것을 오히려 진지하게 고민하라! 하지만 가벼움과 유쾌함을 기억하라!

김규종

경북대학교 인문대학 노어노문학과 교수. 대경민교협 집행위원장(2004~2006), 경북대학교
전교교수회 부의장(2008~2010), 대경민교협 의장(2012~2014), 경북대학교 인문대학장
(2012~2014) 등을 지냈다. 지은 책으로『대학생으로 살아남기』(2008),『문학교수, 영화 속으
로 들어가다 1, 2, 3, 4, 5』,『극작가 체호프의 희곡을 어떻게 읽을 것인가』(2009),『기생충이
없었다면 섹스도 없었다?!』(2009),『소련 초기 보드빌 연구』(2011) 등이 있고,『강철은 어떻게
단련되었는가』(1991),『광장의 왕』(2007),『체호프 희곡전집』(2010) 등을 우리말로 옮겼다.
요즘에 그는 동양고전과 대중 강연에도 관심을 돌리고 있으며, 세상의 애환과 살아가는 일
의 고달픔을 아프게 반추하고 있다.

문학교수, 영화 속으로 들어가다 6
ⓒ 2017, 김규종

초판 1쇄 발행 2017년 5월 30일

지 은 이 김규종
펴 낸 이 최종숙
펴 낸 곳 글누림출판사

책임편집 이태곤
편   집 권분옥 홍혜정 박윤정
디 자 인 안혜진 최기윤 홍성권
마 케 팅 박태훈 안현진
기   획 고나희 이승혜

주   소 서울시 서초구 동광로46길 6-6(반포4동 577-25) 문창빌딩 2층(우 06589)
전   화 02-3409-2055(대표), 2058(영업)
팩   스 02-3409-2059
전자메일 nurim3888@hanmail.net
홈페이지 www.geulnurim.co.kr
등록번호 제303-2005-000038호(2005. 10. 5)

정가는 뒤표지에 있습니다.
ISBN 978-89-6327-416-4 04680
         978-89-6327-305-1(세트)

출력·인쇄 성환C&P **제책**·동신제책사

＊잘못된 책은 바꿔 드립니다.
＊이 도서의 국립중앙도서관 출판예정도서목록(CIP)은 서지정보유통지원시스템 홈페이지(http://seoji.nl.go.kr)와
  국가자료공동목록시스템(http://www.nl.go.kr/kolisnet)에서 이용하실 수 있습니다.(CIP제어번호: CIP2017011361)

ⓒ 글누림출판사, 2017. Printed in Seoul, Korea